なつかしの昭和30年代図鑑

奥成 達●文
ながたはるみ●絵

いそっぷ社

まえがき

テレビの「3年B組・金八先生」の再放送を好んでときどき見る。ストーリーは、ぼくらの時代の中学生とはとても比較にならないが、教室や廊下などの校内風景がぼくらとほとんど同じ様子だったりすると、なんだか懐かしくなってきてうれしくなる。

たとえば「廊下は走らない」という廊下の貼り紙。「トイレは清潔に使おう」なんていまでも書いて貼ってある。

あっ、そこんところはぜんぜん変わっていないんだと思うと、それだけで懐かしい。

黒板の右隅下の「日直」という文字。その黒板のすぐ右横に、大きな黄色い温度計が壁に掛けられてある。下にガーゼをたらした小ビンがついていて、これに朝、水を加えておくのはたしか日直の仕事だった。

金八先生の持っている黒い表紙の「出席簿」も昔通りのヒモ結びである。これでいたずら生徒の頭をガツンと叩く。

「今月の目標」というのも同じだ。「掃除当番」に「ストーブ当番」。

「きりっつ（起立）」「れいっ（礼）」。

ぼくらの時代はさらに「ちゃくせきっ（着席）」と級長の声がかかり、それから全員坐るようになっていた。

3年B組では、礼が終わるとそのままみな、おのおの勝手に坐っている。これは時代の違いか、それとも地域、あるいは学校それぞれの違いでしかないのだろうか。

出席のとり方も昔は「男」から始まり、次に「女」の順で名前を呼ばれていたが、いまは男女混合で呼ばれるようになっていた。

学生服もセーラー服もほとんど変わりがないが、ぼくらは通学に学生帽をかぶっていなくてはならず、そのかぶり方についても一々注意を受けていた。3年B組には学帽はない。こんな小さな今との違いを一つずつとりあげて、昭和三十年代の中学校生活を中心にふり返ってみたい。つまりここで三十年代の同窓会を開いてみようよ、という主旨である。

学校の中だけでなく、当時の思い出深い町の様子や時代の流行、ぼくらが夢中になって遊んでいたあれもこれも拾い起こしていきたい。

近所のおじさん、おばさんのことも忘れずに書いておきたい。

最近はさすがに見かけなくなったが、電車の椅子の上で正座をして坐っているおばさんや、あぐらをかいているおじさんがいた。

そんなことどうということないじゃないか、という人もいるかもしれないが、ぼくはこういうおばさん、おじさんをいまでも時々見かけることがあると、懐かしくなって心がホッとする。

たまに田舎を旅すると、こうしたおばさん、おじさんが向かいの席にいて、ミカンやおまんじゅうをすすめてくれたりする。そうすると「高原列車は行く」という歌を突然思い出したり、それが次に『平凡』という雑誌の付録の歌本、さらに「平凡アワー」というラジオ番組のことにまでつながっていく。

「昭和」と一口に言っても、ずいぶんと昔になっているものもあれば、まるで昨日のことのように思い起こせるものもある。

「あれ」と、すぐに口には出てこないけれど、忘れてしまいたくない、ぼくらの日々の生活をかたちづくってくれていた数々の「こと」「もの」の記憶を思い出しておきたい。

いまになって人生をふり返ると、そのたくさんの「こと」「もの」、そして「ひと」たちとのふれあいこそ、いまの自分たちの出発点だったはずなのだ。

そのたくさんのきっかけを本書でぜひ見つけ出していただきたい。いま自分が生きている場所をもう一度見直すためにも。

奥成　達

もくじ

I章 学校生活

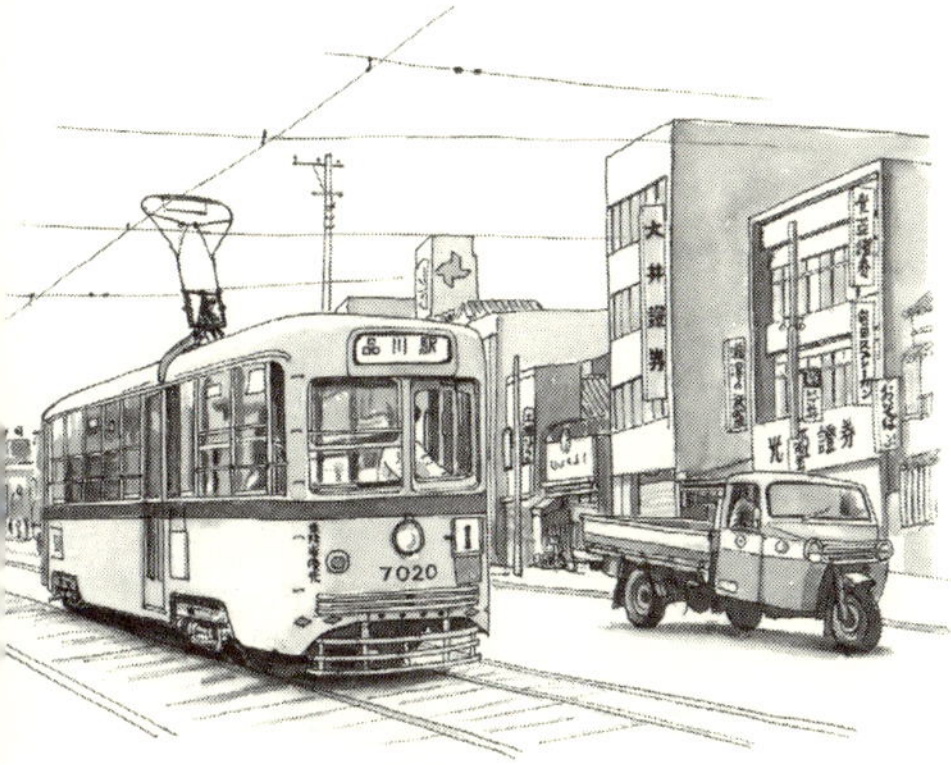

Ⅱ章　遊び

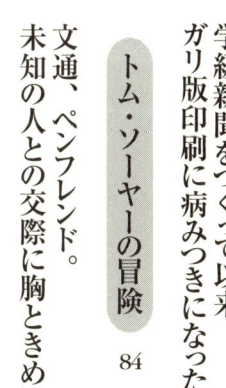

Ⅲ章　流行

VICTOR L.P. PLAYER

小学館発行
週刊
少年サンデー
7月10日号　40円
スポーツ
科学
ニュース
まんが
28
日本でいちばん読者の多い少年雑誌!!
SYONEN-SUNDAY（毎週水曜日発売）

装幀／野崎麻理

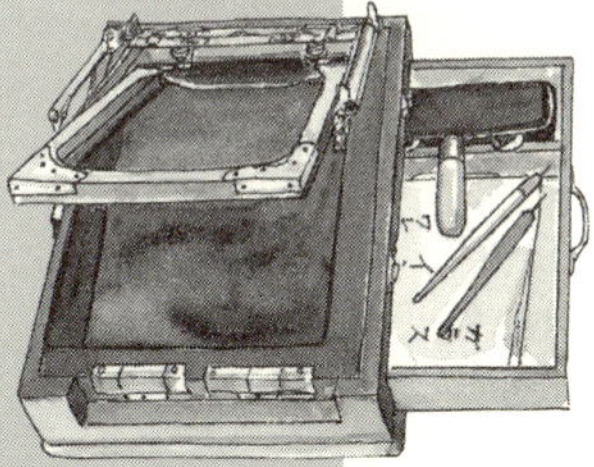

I 章 学校生活

中学校に入って白いカラーの詰め襟が制服になった

中学校に入ると通学用のカバンが、白いズックの肩かけカバンになった。

慣れてくると肩から斜めにかけずにおでこにかけてカバンをお尻側にまわしてみたり、行きは左肩から、帰りは右肩からかけたりする。斜めにかけずに片側にかけるとちょっと不良っぽく映るので、わざとそうして少しでも大人ぶってみせたりもした。

ランドセルの小学生時代から見ると、肩かけカバンの中学生は、はるかに大きな大人に見えてくる。

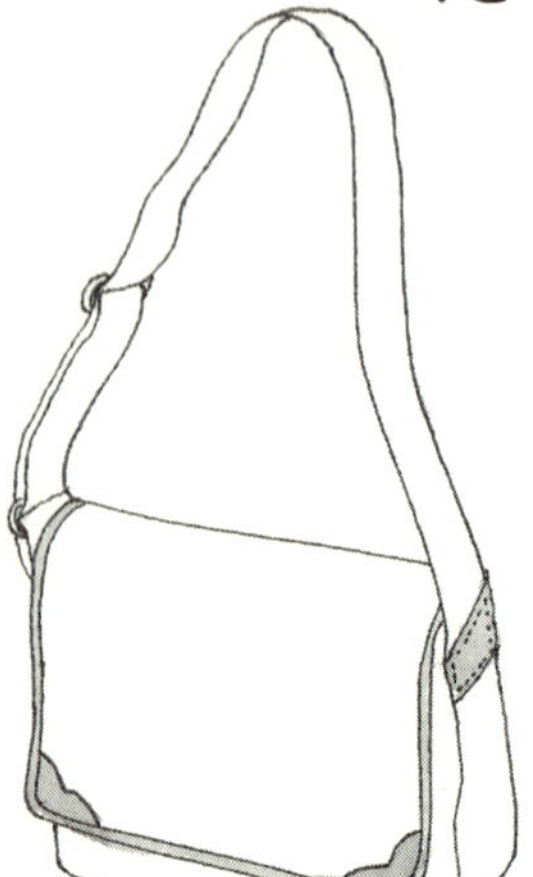

白いズックの肩かけカバンが中学生になったしるしである。

あれはかつてのバンカラの伝統から来るのだろうか、せっかくの新品の帽子を汚したり、クシャクシャにして型を崩したり、そのくせ桜の校章のところだけピカピカの金色に磨いてみたり、白い肩かけカバンにわざわざ自分でいたずら書きをして汚したりしていた。

小学校は制服ではなかったが、中学に入ると制服になる。五つボタンに白いカラーをつけた詰め襟である。横に穴をあけ、襟章をつける。色は黒に決められていた。いわゆる学生服である。

昭和三十年代の学生服は、ナイロン製とかテトロン製とかで丈夫に出来ていたが、それにしても、毎日この制服を着て通学し、授業を受け、遠足でも社会見学でも、わが家の冠婚葬祭、なんでもかんでもこれ一着なのだから、さすがのテトロン製も次第にヨレヨレになった。

いまならすぐに新しいのを買えばそれでいいじゃないかと思うだろうけれど、昔は生徒の家の大半が貧乏なのだから、そういうわけにはいかないのである。

いくらなんでもこれではちょっとという、もうギリギリ

学生服に学帽、白い肩かけカバンをかけると、少し大人になったような気がしてきた。

の線までいかないとなかなか新品は購入できない。一体、当時いくらぐらいしたのだろうかと値段を調べてみたら、昭和三十年は二千六百円。昭和三十九年に四千二百円になっていた。

と、わかってもいまいちピンとこないが、わが家では親がそうそう簡単に買い与えられる値段ではなかったことは確かである。

普段着のジャンパーやセーターなら兄のお下がりをよく着させられたが、学生服は傷みがはげしく、三歳年上の兄のお下がりはとても着れる状態にはなかった。

中学校の学年ごとの記念写真を見ると、いつ見ても懐かしいが、ヨレヨレの制服のことなどを思い出してついついとおしくなる。

夏は上衣を脱ぎ、白いＹシャツの腕まくりになるが（半袖のシャツがまだなかったのだ）、ズボンは黒い制服そのままであった。

それでもそのヨレヨレズボンをたたんで布団の下に敷き、寝圧《ねお》しというものをした。これで少しは折り目がついてカッコがついたが、

女の子はセーラー服の胸にクリップで校章を下げていた。

毎晩やるのはいくらなんでも面倒で、そのうちもうヨレヨレのままでいいやといつものバンカラで居直るしかなかった。

夏用の霜降りと呼んでいたグレイの制服もあったが、ぼくの区立中学校ではなかった。その代わり夏は帽子に白いカバーをわざわざかけていたが、あれは少しは暑さよけの効果があったのだろうか。

「白線流し」という人気テレビドラマがあった。帽子の横に白線が二本あって、それを卒業のときに長く結んで、セーラー服のリボンと一緒につなげて川に流すという思い出の儀式なのだが、残念ながらぼくの学校の帽子には、白線は入っていなかった。また、そうでなくても近くを流れるT川は、まるでドブ川と化していて、とてもそんなロマンチックなドラマを演じることなんか出来なかった。

最近テレビで、そのT川にボラが異常繁殖して川いっぱいにあふれている映像を見た。すっかり綺麗になったT川の姿に感動させられた。

なぜ制服を着るのかと考えたこともなかったし、窮屈で動きにくいのも、それが制服というものだと当然のように思っていた。入学時はどうせすぐ大きくなるのだからと、サイズも大きめのダブダブのものを着させられ、学年が上がっていくと、今度は窮屈になる。詰め襟は首のまわりがとくに苦しく、首のホックをはずして、上の第一ボタンをはずすと楽になるのだが、教師に見つかるとだらしがないといって必ず注意される。

あの白い首のカラーも軍隊の制服がモデルだったのだろうが、冬は冷たく、汗をかくとベトベトして気持ちが悪く、何のためにつけなくてはならないのかと疑問はあったものの、それだってわざわざ反発するほどの理由はなかった。なにしろ二人の兄も、毎日この制服を着て学校に通っていたわけなのだから、学校＝制服で当然であった。

いま制服が懐かしいかと問われたら、いや、そうでもないなと答えるだろう。制服にまつわる楽しい思い出もとくにない。制服が個性をなくしていたとは別に思わないし、管理の象徴と考えたこともない。まあ、中学生のユニフォームぐらいの認識でしかなかった。

夏の帽子には白いカバーをかけた。暑さよけの効果は本当にあったのだろうか？

小学校は私服でてんでんばらばらだったのだから（下駄ばき通学の子だってたくさんいた）、そのまま中学も私服でよかったのかもしれないが、当時のぼくははじめて制服に袖を通したときは、けっこううれしかった。憧れというほどではないけれど、新しい中学校生活への期待感にあふれていた。

私服イコール自由などというのは最近のこどものことで、大体昔のこどもたちはファッションセンスをどうこうと、文句をいえるような環境にまったくいなかったのである。

つい最近まで町で見かけたホーロー看板。「大塚のボンカレー」とか、浪花千栄子の「オロナイン軟膏」、美空ひばりの「キンチョール」などが懐かしい。

『中学時代』や赤尾の豆単で丸暗記に精を出した

『中学時代』（旺文社）が発刊されたのは、昭和三十一年（一九五六）である。ぼくは二年生、まだ購読をしていなかったはず。たぶん三年生になって高校受験を意識しだしてから、少しは勉強をしなくてはいけないか、と毎月読むようになった。

ぼくの通っていた地元のH中学は、いわゆる名門校への進学率の低い、むしろそのガラの悪さで有名な中学であった。

最近ガンで亡くなられたヤスケンこと安原顯《あきら》さんの自伝『ふざけ

昭和二十五年十二月号の『中学時代』。ぼくに受験勉強というものを初めて教えてくれた雑誌である。

んな人生』〈ジャパン・ミックス〉を読むと、本来彼は学区通りに入学すると、わが母校H中学に入ることになっていたらしい。ヘエ、ヤスケンとそんな近くに住んでいたんだ。

ところが彼は、この進学率のあまりに低い学校へ入るのがいやで、わざわざ品川区から大田区への「寄留」を希望し、当時、名門といわれていた大田区の中学へ入学したと書かれてあった。

「ぼくはおそらく〈勉強が出来る子〉の道を選んだのではないか」とヤスケンは書いている。

まあ、というようなH中学で、しかも部活ばかりの毎日をぼくは送っていたのだから、にわかに『中学時代』を読んだからといって成績が良くなってくれるはずもないが、ともかく受験勉強というものを教えてくれた懐かしい雑誌である。いまはもうないらしい。『螢雪時代』という大学入試のための雑誌もあった。

学校でのテストは、中間テスト、そして期末テストの二回が、各学期に行われ、これに、実力テスト、あ

昭和二十一年十一月号の『螢雪時代』。美大志望だったぼくはおそらく、この雑誌の購読を途中でやめているはずである。

るいは学力テスト、能力検定テストと呼ばれる、いまでいう偏差値テストのようなものを受けさせられた。

この実力テストを受けるには、特別にテスト代というものを一回ずつ払わされたが、その成績の結果が、各学年ごとに廊下にズラリと番付表のように貼り出されて、トップから二十番ぐらいの成績を挙げた生徒の名前が全校生徒にわかるようになっていた。

もちろんぼくがこんな成績優秀者ランクに入れるわけがないが、別に全員に渡される一枚のプリントで、一体自分が品川区の中でどれくらいの順位にいるのかが一日でわかるようになっていた。いつだって親に見せたら大目玉の結果ばかりであったが、幸か不幸かいまほど学力偏重の時代ではなかったのがせめてもの救いであった、と勝手に思っていたのはぼくだけのようであったが。

もちろんガリ勉という言葉もあったし、「5当6落」（睡眠時間五時間なら合格。六時間なら不合格）ともいっていた。塾通いはまだなかったが、家庭教師をわざわざつけて勉強をしている友だちもちゃんといた。しかしそれは相当のお金持ちにかぎったことで、H中

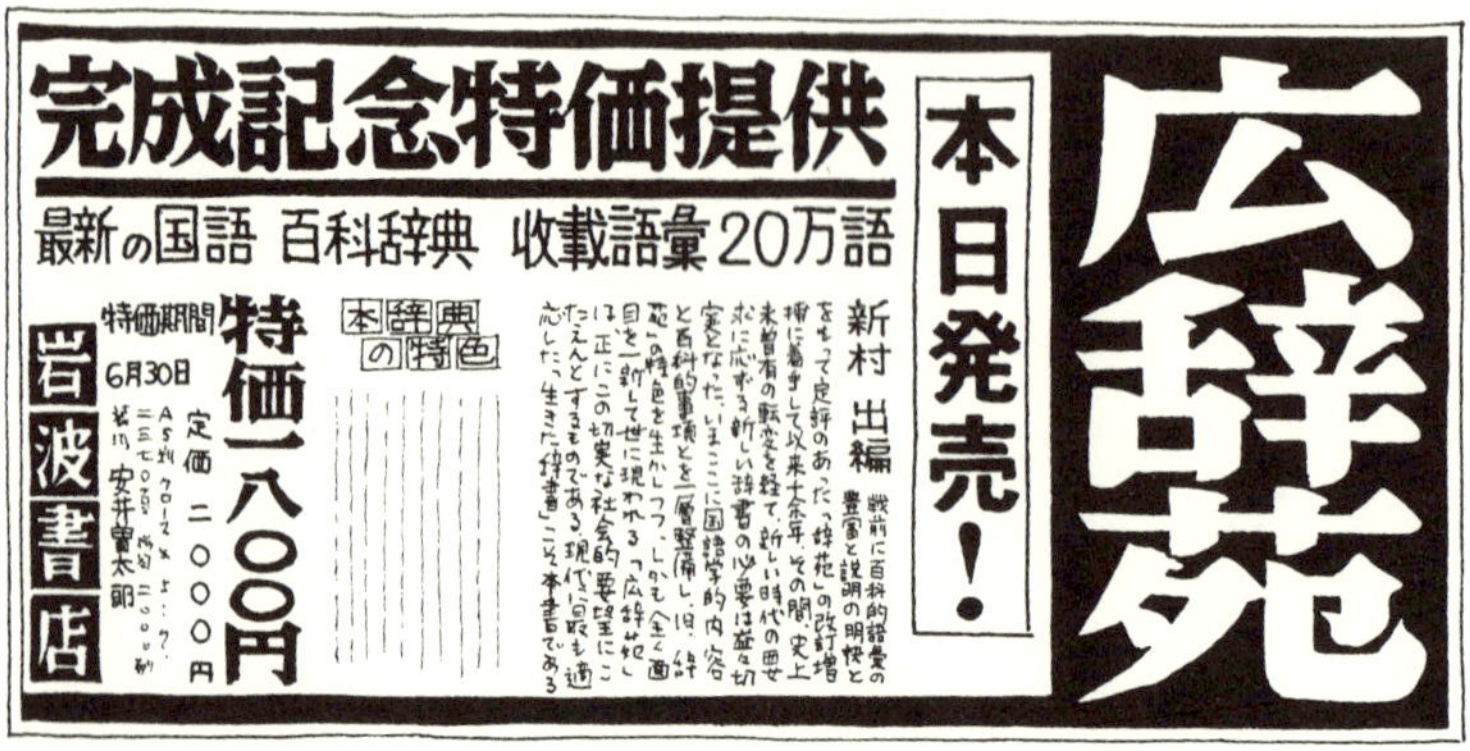

『広辞苑』が発売されたのも昭和30年。いまでも自宅にそのまま大切に置いてある。

学にかぎっていえばほとんどいなかったといってもいいだろう。まだまだみんな明るく元気で、しかも貧乏だったから。

予習、復習をする暇はまったくなかったので、だから常に一夜漬けばかりだった。テストの期日が迫ってくると綿密につくったはずの予定表は、次々と狂いが生じて、結局前日の夜に夜更かしをして一夜漬けをする。寝不足でテストの当日にかえってボオーッとしているという、このスタイルは、高校へ行ってもずーっと同じだった。

さすがにカンニングをしようとは思わなかっただけでもエラかったと、昔の自分をほめてあげたいぐらいである。

この一夜漬けに必須のものが夜食というもので、インスタント・ラーメンにいつもお世話になった。日清食品の「即席チキンラーメン」は、昭和三十三年（一九五八）なので、ぼくの中学時代には間に合っていない。

ぼくが食べていた即席ラーメンは、生メンを湯がき、ビニール袋に入ったタレをお湯で割ってスープをつくるというセットのものだった。メーカーの名も、値段も覚えていないが、いつかちゃんと調

昭和三十三年に発売された「チキンラーメン」。当時の価格は三十五円だった。お湯を注いで三分間で出来上がり、はいまと同じ。

べておきたいラーメンである。

お腹がいっぱいになって、かえって眠気を誘われてしまった懐かしい夜食でもある。

眠気ざましにと「森永インスタントコーヒー」を飲むようになったのは昭和三十五年（一九六〇）だから、もう高校生になっていた。すでにインスタント・ラーメンが日本中でブームになっていた時である。

旺文社の『中学時代』のおかげで何かぼくの勉強に役に立つようなことはあったのか、と聞かれても返事に困るが、これはぼくだけのことではないが、五十を過ぎても忘れられない中学時代の記憶がある。七九四《ナクヨ》うぐいす平安京とか、一一九二《イイクニ》つくる頼朝とか、一四《イヨ》九二《クニ》もえるコロンブス、というような歴史の年表である。これはみんな『中学時代』についていた付録で覚えたものだ。

昔は（いまもなのかな）こうやって丸暗記しなくてはいけないものがやたらにあった。

スイキンチカモクドッテンカイメイ（これは小学校だ!!）

インスタント時代の先がけ、「森永インスタントコーヒー」。昭和三十五年八月に発売された。三十六グラム入りで二百二十円。

とか、

円周率が3・14（本当はもっと長く覚えている人がエライ）とか。

あ、それから赤尾の豆単という小さな赤い表紙の英単語の辞書にもお世話になった。この〝赤尾〟は、確か赤尾好夫氏の名で旺文社の社長だった人じゃなかったかしら。一生懸命赤線をひいて丸暗記に精を出していたが、線を引くばっかりでまるで頭に入ってはいなかった。昭和三十年で一冊百円だった。

赤尾の豆単。正式には『英語基本単語熟語集』。昭和三十年発売、一冊百円。

ディス・イズ・ア・ペン。英語の授業は大嫌いだった

いまは日本中で英会話学校が人気だが、ぼくは「英語」が苦手だった。とくに喋《しゃべ》るのと、声に出して読まされるのが嫌だった。

これは中学一年の担任が英語の先生でもあったことと関係している。この小柄な女性教師は発音の正確さに厳しい先生で、舌を出したり丸めたりを何度もやらされ、その度のK先生の口の動きを見ているのがなんとも嫌いだった。

アメリカのジャズ、ポップス好きなのに矛盾してしまうが、アメ

代表的な中学英語の教科書「ジャック・アンド・ベティ」は開隆堂から刊行された。

リカ人が嫌いだったのである。映画の中のアメリカ人ではなく、マッカーサーをはじめとする占領軍が好きではなかった。

Ｏ町はとくに占領軍の性のハケ口施設であるＲＡＡ（特殊慰安施設協会）が近くにあったところでもあり、こうしたアメリカ兵相手の〝パンパン〟と呼ばれる娼婦と日常的に街でよく出くわすところでもあった。たとえば街中でのキス。米兵と腕を組んで歩くガムを噛《か》んだ派手な衣装の女性たち。

ＮＨＫラジオで突然始まった「カムカム・エブリボディ」の英会話放送。

そうした時代の空気に、少年ながら英語に対して屈折した気分があったのだと思う。それがＫ先生の口の動きに対する反発、嫌悪になっていたのだろう。ほとんどフーテンの寅さんと同じである。いくらお腹がすいていても「ギブ・ミー・チョコ」などとは口が曲が

街の中でジープが停まっていると、たちまちのうちにこどもたちが集まってきた。

ってもいえなかった。それでも成績表の英語は「聞く」「話す」「読解」はなんとかオール「4」だった。

それにしても This is a pen.（これはペンです）Is this a dog or a cat?（これは犬ですか猫ですか？）には、あきれた。バカにするなよ。こんなことをアメリカ人が喋っていたりするわけがないだろう、とその時から思っていた。

これを真面目に発音を気にして会話するような英語の授業そのものが嫌いだったのだ。英語の教科書のタイトルは覚えていないが、有名な Jack and Betty ではなかった。

ジス・イズ・ア・ストリートトランプ。

覚えておられるだろうか、どこかの英会話学校のテレビ・コマーシャルである。ジス・イズ・ア・ペンで育った世代には、悪夢を見せられているような気がした。あれを教室で大声で音読させられていたのだ、ぼくらは。

「カムカム・エブリボディ」は、いまでも歌える。最後の「シン・タララ」は、調べてみたら「Singing tra lala」だった。

「This is a pen」を習う単元に付いていたイラスト。

部活で学んだバンカラとチームワーク

中学時代ほど部活（部活動）のいそがしかった時代はないだろう。運動部は柔道部（三年生のときは、さらに軟式のテニス部の部長もしていた）、文化部は文芸部に所属していた。

当時から美術家を将来の希望にしていたはずなのだが、いかんせんそこまで時間がない。さらに、学級委員、新聞委員、町の少年野球大会に出場するための練習、校内の野球大会、バレーボール大会、マラソン大会、夏には水泳大会、秋には運動会、ブラスバンドの練習もしなくてはならない。

白帯から茶帯に昇級したときはうれしかった。柔道着を買いに講道館のある水道橋まで、わざわざ出かけて行った覚えがある。

よくぞまあ、という運動量である。これでは勉強などする時間は、まずなかったはずといい切ってしまってもいいだろう。

部活のいいところは先輩、後輩というメリハリの上のコミュニケーションがきっちりあるところだろう。上級生の技のキレはさすがだし、受身の練習から、乱取り、柔道部は講堂にその都度畳を一枚一枚敷きつめてから開始するので、そろっての準備、かたづけをふくめたチームワークが、いま考えれば、なんとも古風で、それがむしろ当時のぼくにとってみれば心地良かった。

柔道部の顧問のN先生は、体育の教師だったが、なにかというといきなり体罰をする先生だった。

しかし、すぐ手をあげてビンタというのではなくて、とにかくよく走らされた。その罰の度合によってグラウンド十周とか二十周、きついときは百周なんていうことさえあった。それとウサギ跳び。これはビンタよりはるかにきつい。

体育の時間にトレパンを忘れてきた生徒全員がパンツ一枚にさせられ、校庭を何周もさせられたこともある。校舎の窓から授業中の

当時流行っていた漫画の「イガグリくん」や「ダルマくん」、小説の「姿三四郎」に憧れて、ぼくは柔道部に入った。

生徒にジロジロながめられ、笑われ、あの時は恥ずかしくて恥ずかしくてまいった。冬場なのでもも引きをはいている子もいて、どう考えてもみっともない光景だったろう。友だちにはゲラゲラ笑われ、しばらく廊下ですれ違うたびに顔を見て吹き出された。あの片想いの女の子にも。

それから以後トレパンだけは絶対に忘れたことはない。やっぱり効き目絶大である。

三年生になった時に突然テニス部が新設された。ぼくと、仲良しのズタはすぐに入部した。それまでズタは水泳部に入っていたはずだから、彼も所属の部活が二つあったのかもしれない。おたがいにどうやって時間を調整していたのだろう。よくぞ体が持ったものである。

テニスは父親が唯一趣味とするスポーツで、時々芝公園のテニスコートを予約して家族そろってよくやっていたので、その経験を買われていきなり部長にさせられた。

奥能登の海辺の出身で明治生まれの父親がどうしてテニスなんかが趣味だったのか、いま考えると不思議な気がするが、どうも日本のテニスの草分けは、もともと慶応大学から普及したものらしいので、父もその出身校の影響だったのだろうか。

それにしても額に手ぬぐいのはち巻き、腰のベルトにも手ぬぐいをもう一つぶらさげてコートに立つ父親の姿は、お世辞にも慶応ボーイにはほど遠かった。着がえもコートの横のベンチの上で堂々とやるもので、テニス好きの次姉にいつも嫌がられていた。

明治の日本では硬式を作る技術がまだなく、ゴム製の軟式でその代わりにしていたらしいが、そのせいでずっと硬式と軟式の両方があり、もっぱら中学では軟式専門であった。

だからぼくはテニスというと軟式の経験しかなく、後に硬式のテニスを初めて試したときにスウィング

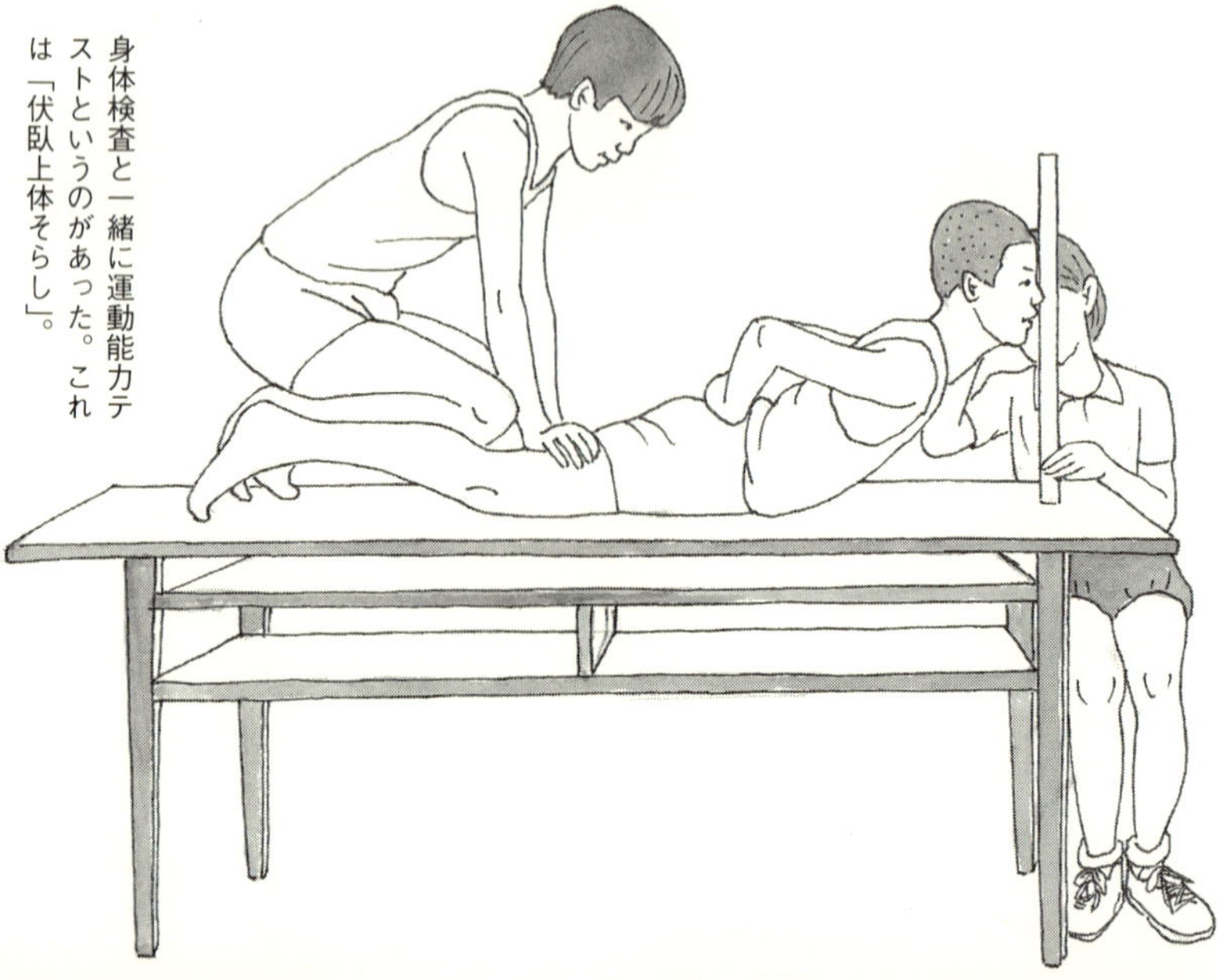

身体検査と一緒に運動能力テストというのがあった。これは「伏臥上体そらし」。

がまるで違うので、まったくゲームにならなかった。以後、二度とラケットをにぎったことはない。

　昭和三十一年（一九五六）度の部活の記録を調べたら次のように二十五部もあった。ぼくが二年生の時のものだから、まだテニス部（庭球部といった）はない。

　野球部、籠球部（バスケットボール）、柔道部、水泳部、陸上競技部、ダンス部、卓球部、文芸部、飼育部、科学部（物理班と化学班、生物班の三つに分かれている）、写真部、音楽部、社会部、造形部、書道部、英語部、家庭部、園芸部、弁論部、数学部、放送活動部、職業部、排球部（バレーボール）、新聞部。

　サッカー部がないのがやはり時代の違いを感じさせる。ぼくがブラスバンドと呼んでいたのは音楽部だったのだ。社会部というのは古代史の研究会のよ

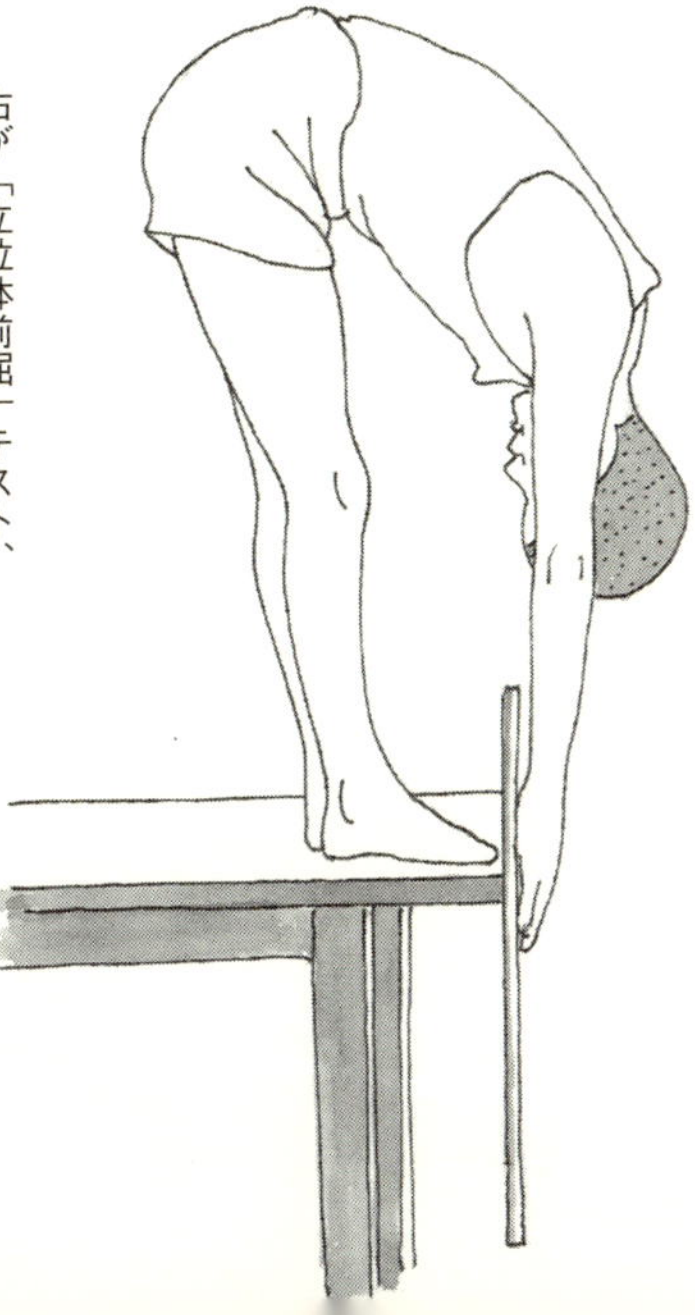

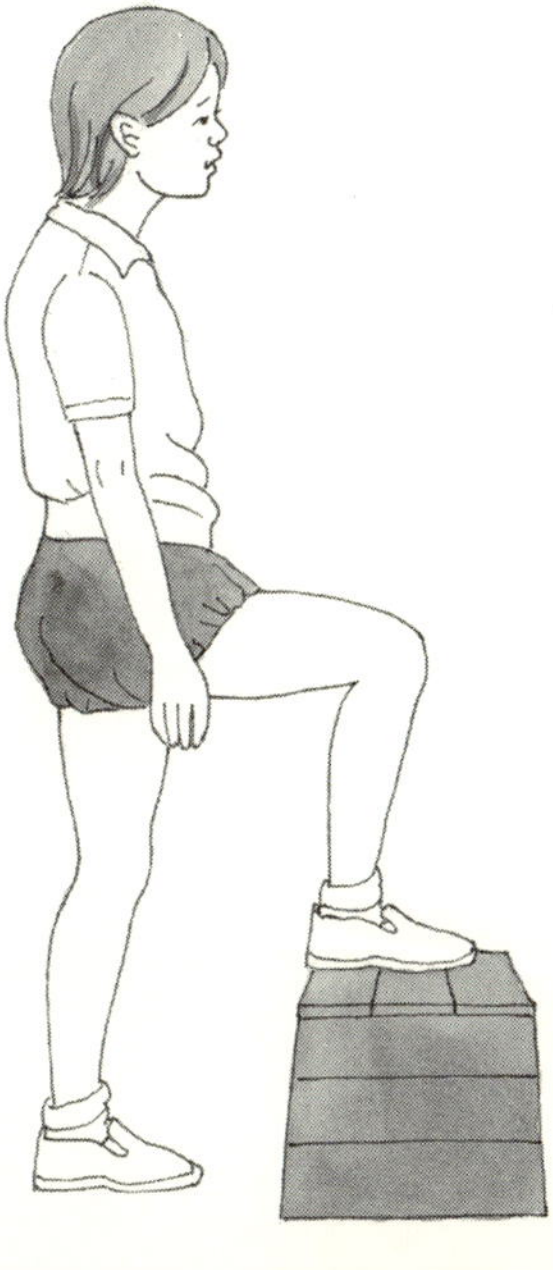

右が「立位体前屈」テスト、左が「ふみ台昇降運動」テスト。

うである。職業部は、どうやら珠算部で、そろばんの練習をやる部である。いまならこの職業部はパソコン部にでもなるのだろうか。

瞬発力をはかる「垂直とび」。手の先にチョークの粉をつけてからとびあがる。

「そろばん」というとチョビ髭のトニー谷を思い出す

「算盤」と書いて「そろばん」と読める人たちは少なくなっているだろう。

ぼくの少年時代には、そろばん塾とお習字塾に通うのが決まりのようになっていて、週に何回か学校が終ってからみんな通っていた。ぼくはそろばん塾に通っていたが、その塾は「○○珠算塾」と入口に書かれてあった。「珠算」は「しゅざん」と読み、そろばんでする計算のことをいう。「たまざん」とも読んでいた。

ぼくの姉たちは「五つ珠」で、ぼくらの世代は「四つ珠」のそろ

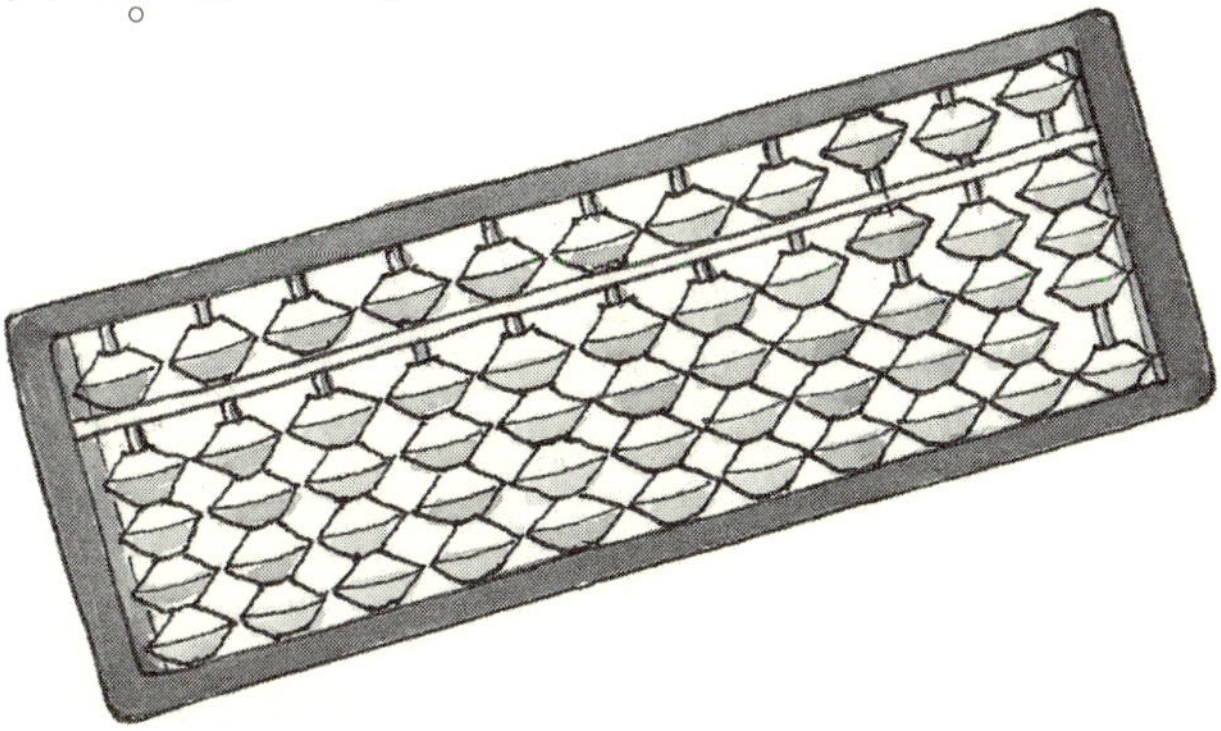

四つ珠のそろばん。御破算《ごはさん》という言葉が、そろばんにおいてある数をくずして、零にすることからきているのを初めて知った。

ばんを使っていた。

小学時代まで通っていたが、中学時代にはもうやめていた。確か四級の資格はとっていたと思うが、中学に入って「職業家庭」という授業があり、そこでそろばんの時間があった。これはもう気楽なもので、いきなりそこでそろばんをおそわった友だちは気の毒で、みな四苦八苦していた。

そういえば「計算尺」という白いものさしの形をした計算器の授業もあった。あれは何を計算していたのだっけ。すっかり忘れている。

昔は、「読み、書き、そろばん」さえ出来れば人生はなんとか渡れるものだといい聞かされてきたが、いつのまにかぼくの身のまわりからそのそろばんはとっくに姿を消している。

それでも二十代の会社勤めの時代には、出張精算をするのにそろばんを使っていたような記憶がかすかにある。と、いうことは六〇年代にはまだそろばんが職場に現役としてあった、ということになる。

もっともかつての四級の腕前のはずが、精算の数字が合っていないと経理の担当者からよくクレームをつけられていた。

いま税金申告の計算は、小さな電卓を使っているが、あまりに計算が合わないので、もっぱら専門の方にお願いするようになった。

あのそろばん塾通いは懐かしいけれど、ぼくの場合はあまり役に立ってはくれなかったようだ。「そろばん」と聞くと、トニー谷さんの眼鏡とチョビ髭《ひげ》をまっ先に思い出すようでは仕方がないか。

そろばんをリズミカルにかき鳴らして弾くのが、トニー谷さんのトレードマークだった。

海苔弁は日本の弁当の基本といってもいい名作だ

学校給食法というのが施行されたのは、昭和二十九年（一九五四）になるらしい。

ぼくの小学校生活は、すべてこの学校給食を食べていた。コッペパン、脱脂粉乳、それにおかず一品という定番を毎日食べていた。

全国学校給食協会というところから月刊誌『学校給食』が発行されているが、その創刊六〇〇号記念号（二〇〇四年十一月号）で、世代別好きな給食アンケート、を特集している。

五十代～六十代　①カレーシチュー②鯨《くじら》の竜田揚げ③揚げパン④

弁当の基本ともいえる「海苔弁」。いつの時代になっても、おにぎり、海苔巻き人気が不変なのと同じである。

カレーうどん
四十代　①揚げパン②ソフトめん、鯨の竜田揚げ③カレーシチュー④スパゲッティ、焼きそば
三十代　①揚げパン②カレー③鯨の竜田揚げ④ソフトめん⑤シチュー、ミートソース
二十代　①カレー②揚げパン③ソフトめん、焼きそば④空揚げ、ミルメーク（牛乳にコーヒーなどの風味を付けるもの）、きな粉揚げパン

である。

ぼくの世代はいま五十代〜六十代に入るが、鯨の竜田揚げがこんなのちの世代にまでずっと続いていたのには驚いた。揚げパン人気が息長く続いていることにも。

さすがにいまの二十代には、残念ながら鯨の竜田揚げが給食に登場してはこなくなったのだろう。カレーにいたっては、オールラウンド、学校給食のキングのようである。

給食人気ナンバー・ワンの揚げパン。食パン型の揚げパンもあった。

中学校に入るともはや給食はなくなり、弁当を各自持参するようになった。

弁当の思い出は、世代によって微妙に変わってくるのだろうが、昭和三十年代に限ってみれば意外に人気のあったお弁当というのは、そうそう変わりがない。

〝巨人・大鵬・卵焼き〟という言葉が流行したのは、一九六〇年代前半。つまり昭和三十年代である。最も人気のある弁当のおかずは今も昔も卵焼きのようだ。

昭和三十三年（一九五八）ごろの卵代は、およそ一個十八〜二十円ぐらいだったそうだから、あんパンやジャムパン一個よりちょっと高い。納豆は十円。豆腐は十五円。上野の動物園の入場料が、昭和三十五年（一九六〇）大人五十円、子ども十円だから、さて当時の卵はどれほど高いのか安いのか、いまとなっては判断がつかない。

しかし、わが家にかぎっていえば、卵はまだまだ貴重品だったたイメージがある。牛乳もそうである。調べてみたら昭和三十五年（一

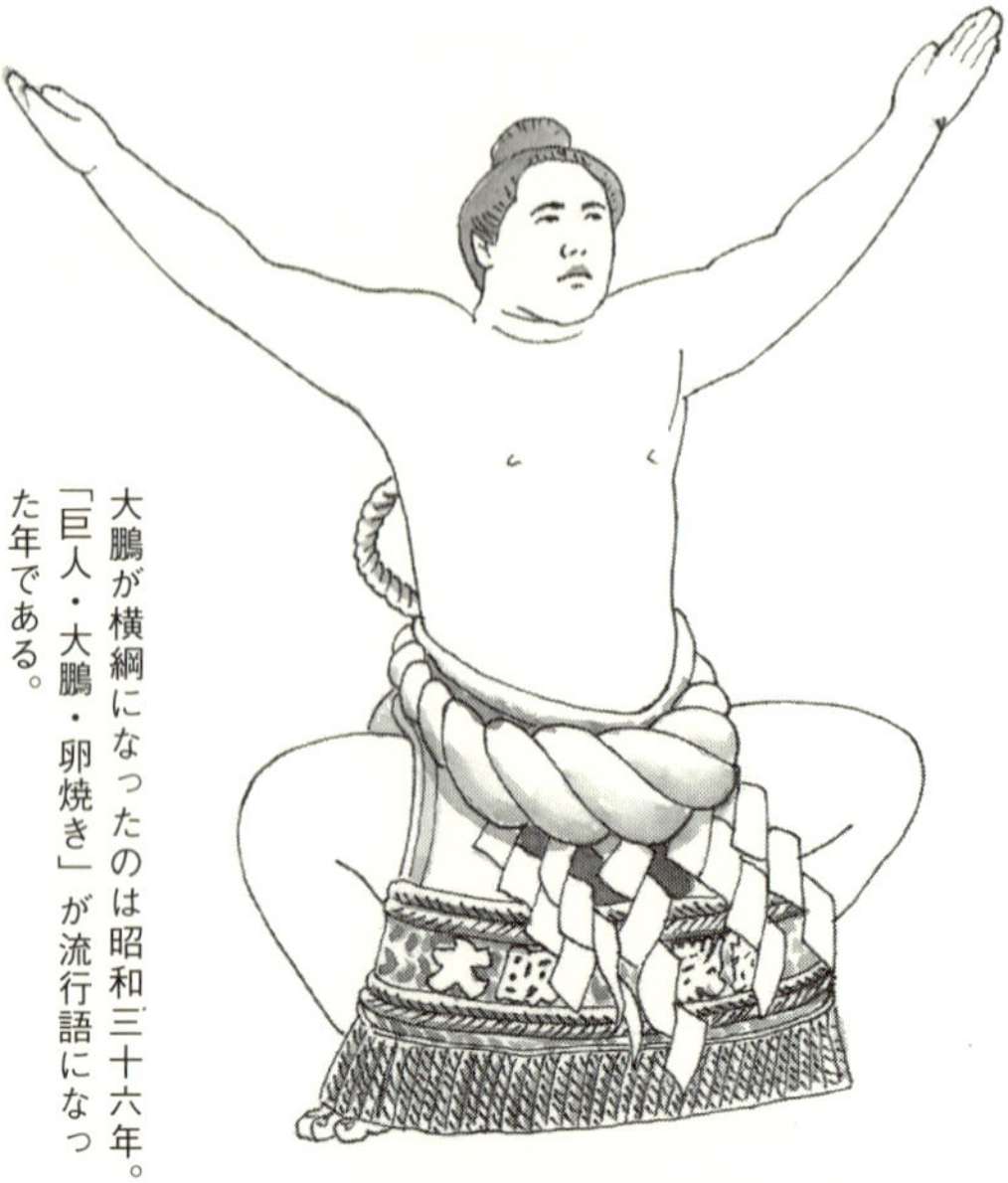

大鵬が横綱になったのは昭和三十六年。「巨人・大鵬・卵焼き」が流行語になった年である。

九六〇）牛乳一本十四円。毎日わが家に配達されていた牛乳一本は末っ子の弟の飲むものであった。

少し焦げた甘い卵焼きはもちろん大好物だったが、そうそういつも弁当には入っているものではなかった（それにしてもいまの卵の安いのには驚かされる。バナナもそうだが、どちらもかつてのこどもにとって憧れの食べ物だっただけに、スーパーへ買い物に行く度に不思議な感懐がある）。

遠足の日のゆで卵、生卵に針で穴を開けチュウチュウとすすった思い出（あれ、どうして割ってから飲むんではいけなかったのだろうか）。風邪をひくと父親がよくやっていた卵酒。栄養価の高い卵は、卵一個だけで〝精がつく〟ものといわれていた。まるで嘘のようだが、牛乳一本だって病気のときにしか飲めないものだと思っていた。

〝海苔弁〟はもう日本の弁当の基本といってもいい永遠の名作である。作家の池波正太郎氏の『食卓の情景』というエッセイ集にも

「私が学校へ持って行く弁当は、焼海苔を飯の間にはさんだ、いわゆる〔ノリベン〕というやつ。またはネギ入りの炒卵《いりたまご》。または半ぺんのつけ焼き。または焼豆腐を甘辛く煮しめたものなどであった」とある。

カツブシを削ったおかかを、ご飯の間に挟《はさ》んだだけの〝おかか弁〟というのもあった。またの名を〝猫弁〟とも呼んでいた。

海苔弁も二段重ねにするとやや贅沢《ぜいたく》になる。さらに、ご飯・おかか・海苔・ご飯・おかか・海苔と重ねていくとより一層豪華版になる。ぼくがこどものころに住んでいた品川は海苔づくりの本場だったところだから、他の地方にくらべればわりに安く手に入りやすかったはずなのだが、それでも海苔は貴重品の一つだった時代だから、いうまでもなくご馳走であった。

ご飯とカツオ節と海苔と、そしてお醬油《しょうゆ》が混じり合い、それらが一体となって絶妙な味をかもし出す。この海苔弁のうまさは、いわば昔、遠足や運動会で食べたおにぎりの味がそのまま弁当箱に入っている、と思えばいいのだろう。

いま、スーパーやコンビニ、ほか弁屋さんでも海苔弁は人気のお弁当である。中に大きな塩鮭がそこに入っていたりすると、感動のあまり、思わずそのまま買って帰りたくなること度々である。

そういえば〝シャケ弁〟というのもよくあったお弁当の一つである。あの塩鮭のしょっぱさが、どうしてなのかいまのスーパーの塩鮭にはまったくないのが不思議だ。そして鮭の皮のうまかったことといったら、もはや表現する言葉もないくらいだ。

さすがにご飯の真ん中にまっ赤な梅干し一個だけという、シンプルな戦時中の〝日の丸弁当〟ということは、ぼくの中学時代にはもうなかったが、弁当のおかずにもちゃんと定番があった。

〝甘い〟おかずの定番といえば、切りいか、田麩《でんぶ》、うずら豆。とくに桜色のでんぶは、チラシ鮨や巻き鮨の中にいまでも健在であるが、かつて朝食のご飯にふりかけてそれだけで食べた記憶がある。昔はとくに甘味にやたらに飢えていたということもあるだろうが、それだけでなく、どこかお菓子やお汁粉を食べているような、いつものご飯とはちょっと違った遊び感覚があったのだと思う。〝おはぎ〟

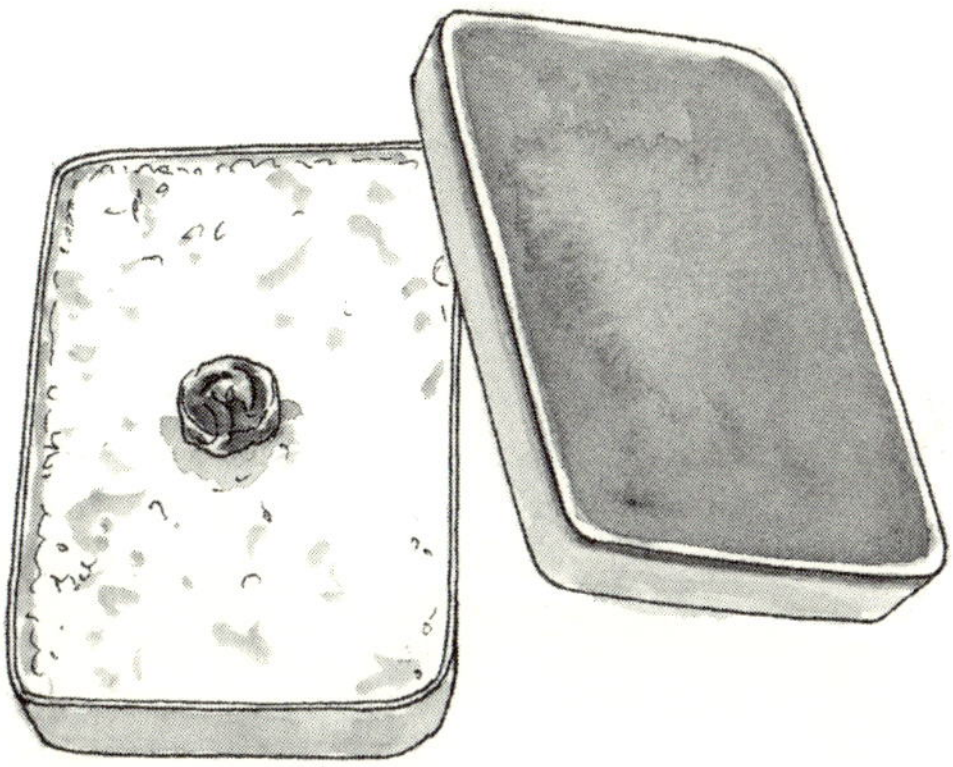

まっ赤な梅干し一個の「日の丸弁当」。でっかい梅干し入りのおにぎりと同じ、と思えば、充分おいしそうである。

や〝きな粉かけごはん〟がまったくそうであるように。いまでも〝お赤飯〟を食べる時に同じような気分になる。

でんぶ、切りいかは、昭和三十年代の全国共通のおかずだった。

〝甘辛く〟のおかずは、ちくわ、さつま揚げの煮物、佃煮の昆布巻、さつま芋の煮物、前夜の天ぷらの残り物を味つけしたものなどなど。これにたくあんやぬか漬、こんぶやあさりの佃煮がちょっと横にそえてあれば、もう完璧《かんぺき》、万全の弁当であった。


海苔干し場。ここでキャッチボールやタコあげをよくやった少年時代の懐かしい風景である。

一本三十円、ピンク色の魚肉ソーセージはご馳走だった

昔の母親のお弁当づくりの基本は、前夜のおかずの残りに一手間味つけを加えて仕立て直す、というようなものだったが、そこへ突然ハイカラなピンクのソーセージというものが登場してきた。

ソーセージとはいっても魚肉のソーセージである。肉に手が届かなかった当時、本物のハム、ソーセージを知らないこどもたちにとって、このピンクの魚肉ソーセージはご馳走であった。弁当の中がそこだけパッと花が咲いたように明るくなった。

一本三十円。コロッケ五円の時代だから、かならずしも安いとは

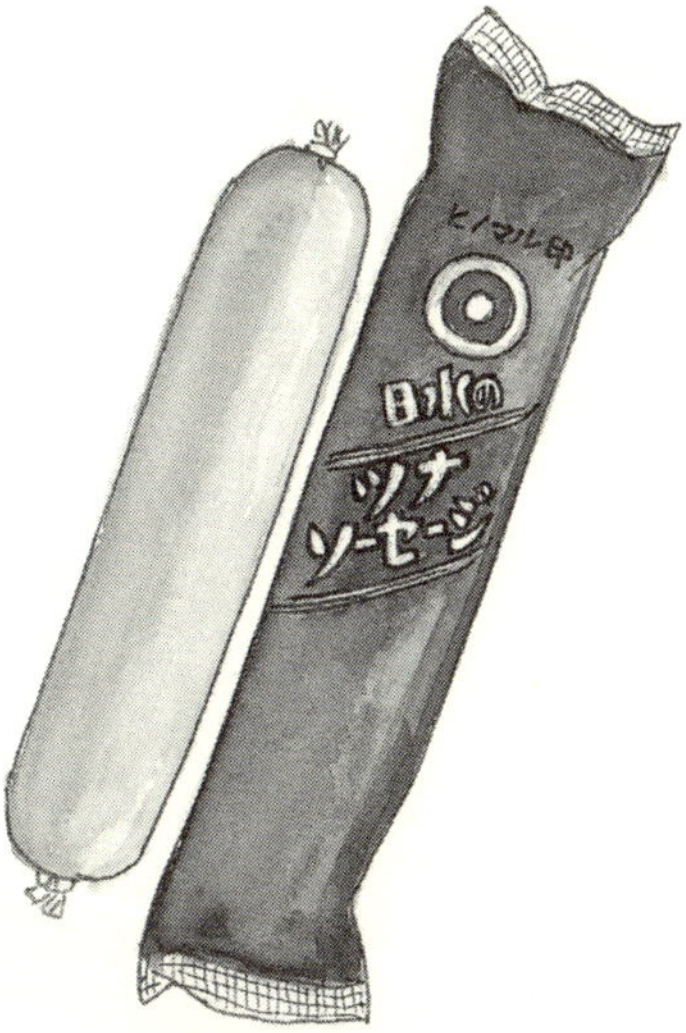

ピンク色の魚肉ソーセージが登場してきたのは昭和二十八年。お弁当箱の風景が一変した。

いえない。だからこの一本を二人の兄の弁当と三通りに分け合う。塩・コショウやカレー粉で味つけしてあったり、炒り卵と合わせたり、味つけはいろいろだったが、いつか丸々一本かじってみたいというのがそのころのこどもたちの共通の夢であった。

魚肉ソーセージが本格的に登場したのは昭和二十八年（一九五三）、マルハがマグロを使ったソーセージを販売したのが最初だといわれている。魚をすり身にして、蒸してつくるかまぼこにヒントを得た独自の製品だった。

もちろんいまでも健在で、懐かしさに加え、低カロリーで高たんぱく、しかも安い、と人気は上々である。あのあざやかな包装に、オレンジ色のフィルムに包まれた独特のパッケージ、両はしのアルミのような輪の金具も当時そのままのところがうれしい。

最近は種類も豊富にあって一本百円。五十年間続く超ロングセラー商品になっていた。

「いま日本人が一年間に食べる米の量が戦後最低を更新し続け、ついに一俵（六〇キロ）を割り込んだ」（「毎日新聞」二〇〇四年六月二日）という。

お米がなくて麦を入れた麦めしを食べたり、外米《がいまい》を食べさせられた世代にとっては、米が余って困る日が来るなどとはとても考えられなかった。

麦めしのお弁当でも、母親が詰めてくれたおかずが貧しくても、お弁当はわが家の食卓そのままのストレートな延長であった。いくら時代が変わったといっても、どこか不幸なことのように感じるのは世代のせいばかりではないような気がする。

そうかと思うと長引く不況のせいで、外食をやめてお弁当を持つようになったお父さんたちの話も聞く。

面白いのはそのお父さんたちが持っていく弁当箱はアルマイト製に人気があるのだという。ぼくの中学時代はいわゆるドカ弁、おかず入れが横についているタイプだったが、いつも汁もれして、包んでいた新聞紙にしみ通っていた。

パッキングつきのおかず入れのある「ブック弁当箱」になったの

これがドカ弁。深さが三種類あった。いまでも弁当箱はドカ弁人気が高いそうである。

は高校に入ってからである。フタの横に箸《はし》入れまでついていて、おかげで通学用の学生カバンにすっきり入るようになった。「ドカ弁」は昭和二十七年（一九五二）、「ブック弁当箱」は昭和四十五年（一九七〇）に発売されたとある。

パッキングつきのおかず入れは昭和三十五年〜三十七年（一九六〇〜一九六二）に発売されているので、ぼくの弁当箱はこちらのほうだったのだろうか。

とにかく毎日毎日のお弁当を苦労してつくってくれた母親にいまさらながら感謝したい。

あ、そうそう、授業中にこっそり早弁をするようになったのは高校時代になってからである。あの食事の快感は、自らやってみなければけっしてわからず、筆舌にはつくせない。

ブック弁当箱。箸箱が中についているものと、外にあるものとがあった。昭和四十五年発売。

黒いブルマーで疾走する女の子はたしかに美しかった

小学校の運動会は本人はもとより家族にとっても、町の人々にとっても一大行事だった。

校庭には万国旗が飾られ、テントがはられ、そこに来賓《らいひん》席が設けられ、グルッと丸くはられた縄の外に父母の見物席が用意されている。手に手にお昼休み用のお弁当を持ったお母さん、お父さん、兄弟たちがやって来る。

前日からもうお祭り気分がいっぱいだったこの小学校時代の運動会の華やぎに比べると、中学校の運動会は、万国旗のセットや、紅

いまでも女子マラソンや駅伝で、女子ランナーが熱い闘志を秘めて走る姿を見るのは大好きだ。

白の帽子、ハチマキなどはまるで変わらないのに、いまいち盛りあがり方が変わってくる。

詰めかける父母、兄弟の数が少なくなることもその一つだが、小さな一年生の玉入れやお遊戯のような和やかさがなくなってしまうのが大きな原因だったのではないか。

二人三脚、障害物競走、ムカデ競走、スプーンレース、借りもの競走、パン食い競走、などなどの巻き起こす笑いと声援が、運動会の楽しさをつくっていた。

いまでもパン食い競走なんて運動会の種目に入っているんだろうか。あれは父母とび入り参加というレースだった。

日本で運動会が初めて行われたのは明治七年（一八七四）のことである。このときもう二人三脚がすでに始まっている。ずいぶんと歴史のある競走だったのだなあ、といまさらに驚かされる。

シーズンオフのプロ野球選手とファン交流のスポーツ・イベントなどでは必ずこの二人三脚が登場して笑いを誘っている。

玉入れは明治三十年（一八九七）の後半ぐらいから始まっている

のだそうだ。運動会の競技一つ一つにもこうした長い歴史があるのだ。

騎馬戦や棒倒し、紅白対抗リレーなどの派手さはないが、綱引きも一見地味なようでいて盛りあがった運動会の必須の種目であった。これも明治の初期からすでに登場している。

それはそうだろう。いまでも日本各地で、豊作や豊漁を占うための綱引きが、年中行事として行われているのをテレビでよく見ることがあるから、相当の昔から綱引きがあったことは想像できる。

紀元前二五〇〇年のエジプトの壁画にも綱引きが描かれてあるのだそうである。

綱一本を両側から引っぱり合うだけ。いたってシンプルな力と力のぶつかり合いが、なぜか面白い。チーム全員で一気に力を合わせるとい

綱引き。シンプルな力と力の競争なので、一見地味だが、見ているだけで力が入った。運動会のメーンイベントの一つである。

うのがいいのかもしれない。

あの太い綱は体育館の用具室に、とび箱やマット、平均台などの横にいつもトグロを巻いた太い蛇のようにドーンと置いてあった。たった一回の運動会にしか出番はないのだが、狭い用具室の中でしっかりと存在感を示していた。

運動会の準備のために校庭まで持ち出すには、五、六人の生徒の力が必要だった。

あれ、もっと普段から体操の時間に使えばよかったのにといまなら思うが、きっと綱が重くて出し入れが大変だったからなのかもしれない。

そういえば玉入れ用の網《あみ》も、いつも金具をつけたまま用具室の隅に追いやられて置いてあった。こちらはちょっと寂し気に見えた。

綱引きの掛け声は、「オーセ、オーセ」だったと覚えているけれど、どうして「オーセ」なのだろう。

お御輿《みこし》かつぎの掛け声「ワッショイ」は、「和を一緒にする」という意味があるらしいので、「オーセ」にも、なにか神事と関係のある意味があるのかもしれない。

当時の女子の体操着の定番はあの黒いブルマーだった。男子は短パンかトレパン。

駆けっこは、徒競走といって全員走る。いまは能力別にあらかじめレベルをそろえたり、一等、二等という順位をやめたりするところが増えてきているらしいが、昔はたしか背の高さで出走順が決められていたはず。

ぼくは一着になったことは一度もない。一等賞の常連というのはほとんどいつも決まっていて、この常連たちがセンバツ出場する紅白リレーは、走っている姿を見ているだけでも気持ちが良かった。あのバトンタッチの瞬間というのも独得のスリルがあった。

最近の女子マラソンの選手たちと同じで、とくにブルマー姿で疾走する女の子の姿は男子ランナーにはない、不思議な熱さと美しさがあった。

最近の運動会では、順位をつけないところが多いという話を度々聞くが、やっぱりスポーツに勝敗をつけないというのはどう考えても変である。

誰だって負けたくないから必死になるので、順位を競ってこそ感動が生まれてくるはずである。足の遅い子がいれば、速い子もいる、というのが世の中である。素直に速い子を讃《たた》える、それでいいではないか。

こうした運動会の大切さは昔もいまも変らないはずだ。

運動会の花形、騎馬戦。棒倒しと並んで大人気の競技だった。

駄菓子屋に古本屋、乾物屋……路地を抜けると何でもあった

思い出の町の風景を描き直すために、中学校へ登校する道順を追うところから始めたい。

まず玄関を出る。二十メートルほどの路地を抜けると、旧東海道にぶつかる。左がノリちゃん家《ち》の酒屋。お味噌《みそ》や醤油《しょうゆ》も売っている。右がネオン屋。小学校のときに同級生だったイソザキの家だ。

そこを右折。すぐ左、旭写真館。いまアル

駄菓子屋のおじさん、おばさんはこどもたちの日々の人生相談役のような人たちだった。

バムに残っている記念写真は、みんなここで撮ったものばかりだ。五十メートル行き、左に駄菓子屋。メンコ、ビー玉、ベーゴマ、おはじき、釣り道具一切から昆虫採集の網、ブロマイドの袋、くじ、メクリ、紅梅キャラメル、カバヤキャラメル等々。お店の前には大きな縁台が置いてあった。

百メートルほどで今度は左折。角は自動車の修理工場。向いは「あんぷくちちもみりやうじ」の木の看板の吊るされた家。

十メートルほど行くと左手に古本屋。店先に『りべらる』とか『奇譚《きたん》クラブ』『夫婦生活』などというカストリ雑誌がズラリと並んでいた。で、下校時に時々立ち読みをしてあらぬ教養をここで身につけていた。

隣りはお菓子屋。お正月になると凧《たこ》やコマ、かるたや動物合わせ、トランプ、双六《すごろく》、福笑い、花札まで売るようになる。

その向いの右手は乾物屋。佃煮、煮物、切りいかやでんぶ、おたふく豆、昆布巻き、なんでもあった。包んでくれるのは経木。その上から新聞紙。そして輪ゴムでパッチンと止める。

お正月には福笑い、かるた、双六が定番の室内遊びだった。

乾物屋の隣りは「テーラーアオキ」。幼な友だちの青木の家だ。さらにその隣りは赤い鳥居のお稲荷さん。

そこで左右に路地がある。左に曲がると仲良しのケンちゃん家の方に抜ける。右に入ると小学校にたどりつく。

左の角は煙草屋。ガラスのショーケースの上に赤電話。右の角は大きな眼玉をギョロリとさせた主人のいる床屋。通称「メダマ」とみんなが呼ぶ。待ち合いのベンチに漫画本が山と積まれてあるので、特にこどもに人気の床屋だった。

煙草屋の隣は、貸本屋。床屋の隣りは、駄菓子屋。アンコ玉、カンテンゼリーはここで食べる。ここの女の子は同級生。その隣りはいつもガチャッガチャッと機械の音がたえまない家。中が見えないので何をつくっているのかわからないが、小さな町工場だったのだろう。

左折してから約百メートル。京浜急行の踏切。踏切の手前左に、日の出湯。

踏切を渡ってさらに百メートル。第一京浜国道に

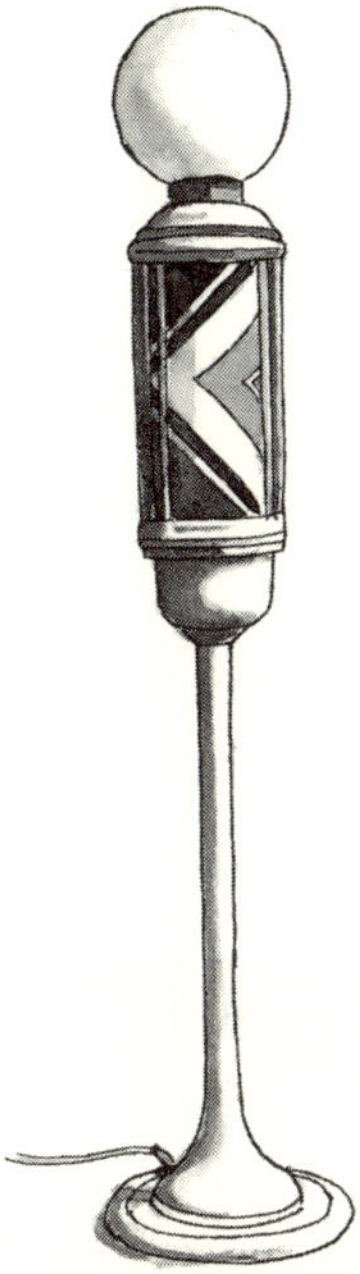

床屋のシンボルマーク。一見なんでもないようだが、あらためてながめると、とても懐かしいものに見えてくる。

ぶつかる。国道に沿って甘味処の店。

信号はないが、左右確認の上、京浜国道をヒラリヒラリと車をよけて渡る。と、目の前がそのままH中学の校門である。

校門を入ると校庭が広がる。左手にプール、その横が講堂。講堂の二階は、柔道部と卓球部の練習場。

校門を背にして冂の型で二階建ての木造校舎が建っている。正面に国旗掲揚台。朝礼台。その後ろが職員室である。

右手の奥にたくさんの下駄箱。そしてその前にたくさんのスノコ。ここで靴を上履きにはき変える。もう少し先へ行くと学校の裏門がある。

今度は下校の順をたどる。

校門を出て右へ。京浜国道に沿ってそのまま行く。二百メートルほど歩くと最初の信号。角に薬局。

信号を左へ渡る。T川商店街の入口になる。右手に交番。交番の先をいくと、病院。一度ここでペニシリンを打たれて大騒ぎしたこ

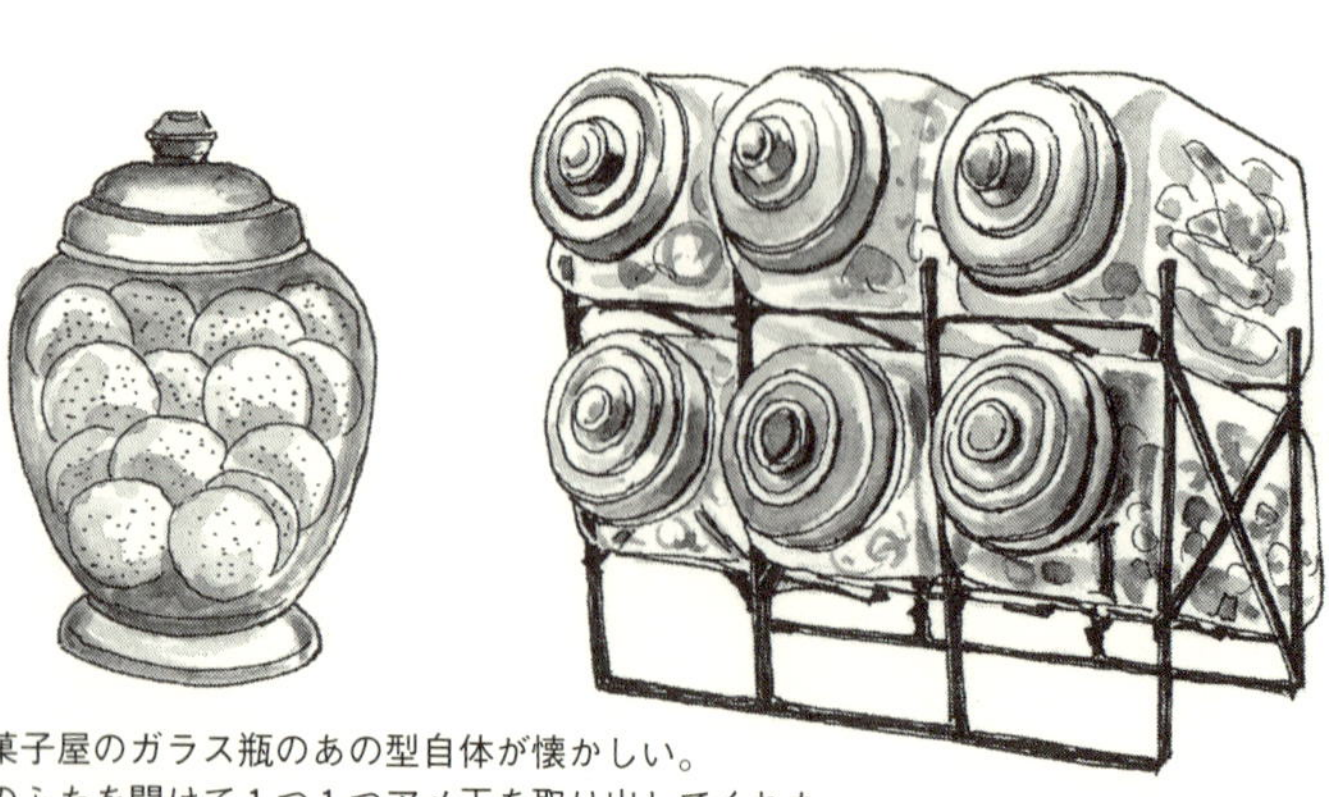

駄菓子屋のガラス瓶のあの型自体が懐かしい。
あのふたを開けて１つ１つアメ玉を取り出してくれた。

とがある。商店街の最初の店、左は洋品店。右手は喫茶店とケーキの店。向いはカバン屋。

五十メートルほどの小さな駅前商店街である。時計屋。ラジオ屋と呼んでいたが、つまり電器店。テレビももちろん売っていた。ここの息子は同級生。ベーカリー。お菓子屋。駄菓子屋と違ってここには十円の紅梅キャラメルやカバヤキャラメルはなく、森永、明治、雪印、不二家などの二十円のキャラメルしか売っていない。

佃煮、乾物の店。お寿司屋。小さな本屋。途中に赤のれんの呑み屋が一軒あったような気もするが、ここで駅前の踏切。左手がT駅である。この踏切横の本屋にもよく立ち寄り、欲しい本はいつもここで注文をし、取り寄せてもらっていた。

踏切を渡り、すぐ右が洋食屋のT軒。ここの息子は同級生。隣りが花屋。その隣りは、植木屋。おじ

さんは鳶《とび》の職人で印半纏《しるしばんてん》姿がかっこ良かった。

左は、果物屋。新しくできた本屋。八百屋。ここの息子も同級生。本屋はその前は材木屋だったところ。ここで『少年』や『少年画報』などの月刊雑誌を買っていた。奥に岩波文庫がズラリとそろっていた。

ここで左右に路地。右に入って橋を渡るとわが家のかかりつけだったカラサワ医院に行きつく。左手はケンちゃんの家の方角へ。それから「黄金バット」の紙芝居屋さんがやって来るところもこの道を入った長屋の横。

右角は海苔屋。左の角は諏訪神社。ここの公園に街頭テレビが一台あり、力道山VSシャープ兄弟のプロレス観戦をした。またこの神社の石段の前には「少年王者」の紙芝居屋さんが毎日やって来る。

神社に入らず、そのまま進む。左手は釣り舟屋。それまでの海苔舟をそのまま乗り合いの釣り舟にして営業しているところが多かった。

隣りはアイスキャンデーの工場。アイスボンボンもあった。冬は今川焼き屋になる。

右はおそば屋、大村庵。ここの息子も同級生。高校も一緒だった。

左角は煙草屋。ここの息子も同級生。

ここで旧東海道に戻る。突き当り正面は肉屋。コロッケもある。

右に行くと橋。橋を渡ると弁天湯。そして天祖神社の入口になる。

橋の横の河口付近は、漁船の碇泊地《ていはく》。ここで魚貝は水揚げされる。海苔干し場が川をはさんで左右に広がっていた。シーズンをはずれると、この干し場に芝居小屋が建って、旅の役者たちのチャンバラ劇が見られるようになる。覚えているので「辰巳正吾一座」というのがあった。辰巳柳太郎と島田正吾から姓と名をとったのだろうが、いま考えても凄い芸名である。

ここではストリップ小屋がかかったことも一度ある。公演の最終日は無料サービスというので、ぼくは初めてストリップというものをここで見た。ぼくが小学生のころである。

旧東海道を品川方向に左に曲がる。

左手に魚屋「魚七」。獲りたての新鮮な「近海物」の魚が安

ブロマイド屋さんという商売があった。人気スターや歌手のブロマイドがいっぱい店頭に飾られていた。

く食べられた。

右はお菓子とパンの店。コッペパンを横切りにして広げて、そこにジャムやバター、あんこを塗ってくれるお店はここだけだった。このお店の裏にはこんにゃく屋があった。

さらに右に洋服の仕立屋。そして大きなお屋敷の塀と門が続き、ようやくふり出しの酒屋にたどりつく。

これを右に路地に入れば、わが家である。路地は行き止まりになるが、一番奥は釣り舟屋で、その一軒手前がわが家になる。

と、まあこんな町でぼくは育ったのである。

ケンカみこし。漁師町なのでいつもお祭りは荒々しく、そして盛大だった。

パチンコ

そもそも〝パチンコ〟とは本来Y字形の二股にゴムを張って、そこに小石をはさんで打つ、こどもの遊び道具の名前だった。

そしていまは海辺のヨシズ張りの海の家か、温泉街のゲーム場にわずかに生き残っている〝スマート・ボール〟（コリントゲーム）が、昔は駄菓子屋の店先に必ず一台はあった。玉が入った穴の点数によってその場で景品がもらえるという仕組みになっていて、当時これも〝パチンコ〟と呼んでいた。玉の出る音が〝パチン〟といい、玉が〝コロコロ〟転がるので〝パチンコ〟と名づけられたという。それがいつのまにか、この駄菓子屋用のパチンコが立体になり、玉の棒送りをバネの上げ下げで打ち、

軍艦マーチが流れ、チンジャラジャラの玉の音が響いたパチンコ屋の店内。

小さいボール・ベアリングのような鉄玉をはねるように変わっていった。

つまりパチンコのもともとは駄菓子屋のこども遊びだったのである。

それが大人のギャンブルとして登場しだしたのは昭和二十三年（一九四八）ごろからで、「パチンコと百円亭主」と呼ばれるようになったのは、昭和三十年（一九五五）である。「週三回、一回三万円」というようないまの時代ではとても考えられない、ささやかなギャンブルだった。連発式が出てパチンコが大流行となるのは、昭和二十六年〜七年ごろに始まる。

まだ玉を一個一個手で穴に入れて打っていた時代が、ぼくの父親のパチンコ時代で、よく景品のドロップやチョコレートを持って帰るのを、わが家のこどもたちはいつも楽しみにしていた。昭和二十五年（一九五〇）に「オール10」。どこへ入っても玉が十個出るようになった。そして「オール15」「オール20」「オール50」とうとう「オール100」となる。

パチンコ台の中で最もよく出るのは、天穴《てんあな》（ヘッド）だが、その天穴の下に玉がフタをあけてとびこむセーフ穴や、センターが水車のようにくるくる回るパチンコ台が出たのは、昭和三十三年（一九五八）。〝チューリップ〟が登場するのは、昭和三十八年（一九六三）になってからである。〝雀球〟は、昭和三十八年（一九六三）に登場した。

一日十円、貸本屋の悪書は何と魅力的だったか！

小学校にも中学校にも各クラスごとに図書委員という係がわざわざあった。しかし一体彼らはどういう活動をしていたのかとなると、いまもってまるでわからない。

たしかに校舎の一角に図書室と札のついた部屋があったこと

いまのぼくの本好きは、貸本屋さんのおかげであるといっても過言じゃない。

は、かすかに覚えているが、いつも鍵《かぎ》がかかっていて、そうでなくても学校から本を借りてきたという記憶がほとんどないのである。

借りたくても図書室とは名ばかりで、書棚にはわずかな本しか置いてなかったからなのではないか。ガラーンと隙間《すきま》だらけだった書棚のイメージが残っている。

カバヤキャラメルのカードを集めて手に入れた「カバヤ文庫」をあれほど有難がったのは、それだけ当時の学校図書館がいかに貧しかったかのあらわれのようだ。

わが家の父親は読書家で、家中を本箱でうづめ、それでも足りないので部屋の鴨居の上に木板を渡して本棚をつくり、グルリと本を一周させていた。素人の手づくりなので本の重さで板がしなり、小さな地震が起こると、まず本が頭へふって落ちてきた。

『昭和文学全集』や中里介山の『大菩薩峠《だいぼさつとうげ》』を、父の書棚から取り出し読んだ記憶はあるが、とりあえずこどもが興味を持つような本はほとんどなかった。

江戸川乱歩の「少年探偵」シリーズ（光文社）。昭和22年から発売。

そんな父親なので本を買うことはとにかくお金がなくても優先してくれたが、もっぱら「世界名作全集」「世界文学全集」という類いのもので、『怪人二十面相』や『怪盗ルパン』のような本は、自分の小遣いを貯めて買わなくてはならなかった。

月刊の少年雑誌などは当然ダメで、友だちと手分けして各自バラバラに購入して、読了後お互いにまわし読みしていた。だから『漫画少年』も『少年画報』も、『冒険王』『少年』『譚海』『おもしろブック』『東光少年』もみんな読んでいた。

当時はこのての少年少女雑誌を「悪書」だとする考え方が強くて「通俗・俗悪」「目をおおうが如き児童雑誌」と非難されていたのだ。

昭和二十七年四月一日から放送の始まった、NHK連続ラジオドラマ、北村寿夫《ひさお》作、福田蘭童音楽の「新諸国物語」は、映画化もされて大ヒットしたが、第一部「白鳥の騎士」、第二部「笛吹童子」、第三部「紅孔雀」、第四部「オテナの塔」、第五部「黄金十字城」が宝文館か

月刊の少年少女雑誌は当時みんな「悪書」のレッテルを貼られていた。

ら出版されベストセラーになった。

しかし時代小説全般にわたって「通俗」「悪書」という風潮は、長い間にわたってあった。「教育上好ましくない」とか、チャンバラは「封建的思想」であるとか、「反民主主義的」である、というものだ。

いまでいう「有害図書」の扱いだったのである。まして漫画は、それ自体がすでに「有害」なものであった。「スリルと冒険」が、こどもに有害とする考え方は、いまでも相変わらずまかり通っていて、そこのところはあまり変わりがないようである。

もちろん本代もそうだが、こう世の中から「悪書、悪書」といわれ続けている本を親が買ってくれるわけもなく、まして学校図書館に置いてあるわけもない。町の図書館にいたってはあったのかなかったのか、その所在さえわからない時代である。

つまり本は気軽に買えるものでも、手に入るものでもなかった時

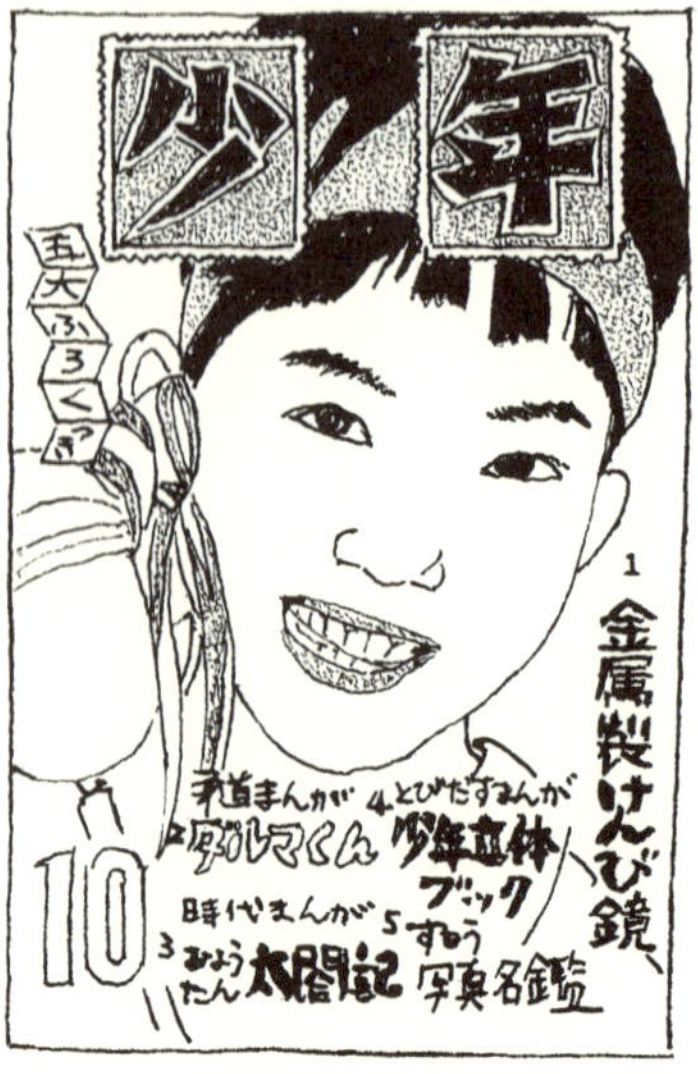

付録のトップに「金属製けんび鏡」とある。ボール紙製だが、組立てて喜んでいた頃が思い出される。

代である。そんな時代だからこそ、貸本屋が流行った。昭和三十年代、全国に三万店あったそうである。一般書店の数より多かったというのだから、その盛況ぶりがうかがえる。

ぼくの町内では一軒。わが家から歩いて五分ほどの煙草屋の隣りにあった。うなぎの寝床そのままの細長い店内に、左右に壁一杯に書棚。いまの神田の小さな古本屋さんと同じ様子である。ただ裸電球なので少し薄暗かった印象がある。

主流は漫画だが、ぼくは吉川英治、大仏次郎、南条範夫、尾崎士郎、富田常雄、中沢巠夫《みねお》、山手樹一郎、高垣眸《ひとみ》等の時代劇、佐々木邦、伊馬春部《いまはるべ》、鹿島孝二などのユーモア小説、江戸川乱歩、島田一男、高木彬光、横溝正史、大下宇陀児《うだる》などの探偵、ＳＦ、怪奇ものを好んで読んだ。

こうした作家たちの小説が、学校では読んではいけない悪書だったというのも、いまとなってはまるで嘘のような話である。

一冊一冊、いまの古本屋さんのようにパラフィン紙でカバーがしてあり、一冊借りると一日十円、翌日返却すると五円追加になるので、どうしてもその日のうちに返そうと、必死になって読み終えようとした。

貸し出し帳は、大学ノート一冊だけで、店番のオジさんが一つ一つ、本のタイトルや貸し出し日を記入していた。なんとものんびりした時代ならではの、ぼくにとっては充実の乱読時代であった。

いまのぼくの本好きは貸本屋さんのおかげ、といってもいいくらいである。中学三年生から眼鏡をかけるようになったのも貸本屋さんのおかげ、かもしれない。

伊藤彦造のペン画は迫力があり、特別ファンだった。他にも伊藤幾久造、玉井徳太郎、山口将吉郎、伊勢田邦彦、木俣清史などの人気挿絵画家がいた。

動物園—お子様ランチ—屋上遊園が日曜日の最高の贅沢だった

上野動物園には一体これまで何回行ったのだろうか。昭和二十三年（一九四八）に入園料が大人十円、子ども五円になった。

そしてこの年の九月二十三日にお猿電車が開通している。きっとこの頃に一度、家族そろって出かけているはず。これが最初なのかもしれない。先頭の運転席の車輌《しゃりょう》にお猿が乗ったこの豆電車に、弟と一緒に並んで乗った記憶がある。

インド象「インディラ」が到着したのは、昭和二十四年（一九四

インド象インディラはこうやってノッシノッシと上野にやって来た。昭和二十四年九月二十五日のことである。

九）九月二十五日。このときはたぶん小学校の遠足で行ったのだと思う。その時タイから先に来ていた子象「はな子」も見ている。

中学や高校生になってからでも年に一度ぐらいは必ず動物園に出かけている。記憶はハッキリしないが、きっと好きな女の子と慣れないデートのようなものをしていたのだろう。

こどもが生まれ、父親として上野動物園に行った覚えも一度ならずある。まだ幼稚園前のこどもだったが、やはり象やキリンにコーフンし、パンダの前には大行列が出来ていたから、昭和四十七年（一九七二）以降のことである。パンダ初公開はこの年の十一月五日で、この日だけで一万五千人が殺到したという。この年の年間入場者は五百万九千六百八十六人だったそうである。

ただそこにいるだけなのに、生きた動物を目のあたりにするのは大人だって楽しい。わが家のこどもが初めて絵のようなものを描いたのも、たぶん象やキリンの動物だった。

ぼくが遊園地に初めて行ったのはいつだったのだろう。いまはも

上野動物園には品川から都電に乗って行った。チンチン電車が東京中をくまなく走っていた時代である。

うない多摩川園遊園地、あるいは浅草の花やしき、後楽園遊園地、川崎の向ヶ丘遊園のどれかである。いま向ヶ丘遊園はもうなくなっているらしい。

テーマパーク人気で、昔ながらのこうした遊園地はどんどん閉園に追いこまれているという。絶叫マシンもいいが、多摩川園にあったお化け屋敷なんてローカルで楽しかったんだけどなあ。

ジェットコースターでスリルを楽しむのもいいけれど、昔ながらのメリーゴーランドや豆電車の味わいもなかなか捨て難い。いまの遊園地は小さなこどもたちのための楽園ではもうなくなってしまっていると思う。

デパートの屋上にあった小さな遊園地もやたらに懐かしい。

日本橋高島屋屋上に、観覧車、豆汽車、コーヒーカップなどのプレイランドがオープンしたのが、昭和三十年（一九五五）である。『昭和家庭史年表』（河出書房新社）

をのぞくと、その年は、アルミ貨幣一円が登場、縁日にイチゴ、レモンのかき氷が登場、ビニール袋にアニメなどのキャラクターがプリントされた「綿あめ」が登場、チエミ・ひばり・いづみの三人娘、ハナ肇とクレージーキャッツ結成、などとある。

みんなそろって昭和三十年に登場していたんだ。

いまデパートの屋上のことを略して「デパ屋《おく》」と呼ぶのだそうだ。そういえば地下の食料品売り場のことを「デパ地下」というんだから、これでいいのか。

たとえば家族そろって上野動物園に行く。そして帰りは最寄りのデパートの大食堂に寄ってランチを食べる。食べ終ったらデパ屋の遊園地で遊ぶ。というのがかつてのこどもたちの最高のフルコースであった。

休日には同じような家族がたくさんいて、しばらく待たされるようになることは度々であった。しかし待っている間に、ショーウィンドウの中の料理の品定めをするのが、また楽しいのである。

日本橋三越の大食堂に〝お子様ランチ〟が初登場したのは昭和五

小旗の立ったお子様ランチは、昭和五年の三越デパートの大食堂が元祖だそうである。

年（一九三〇）だったそうである。ご飯は富士山をかたどり、その頂上に三越マークの小旗がちゃんと立っていたというから、まさに〝お子様ランチ〟の元祖にふさわしい、これが元型である。

あの小旗の立っていないランチは、〝お子様ランチ〟とはけっして呼びたくない。その元祖のお値段は三十銭。これが高いのか安いのかとても見当がつかないけれど、そんなに古くからあったんだ、ということにひどく感動してしまう。

そして食事がすんだら、いざデパ屋の屋上遊園である。数少ない家族のハレの日のフィナーレをここで飾るのだ。

こんな日曜日の家族連れコースが、なんと昭和戦前からのお決まりのコースだった、というのも驚きである。

これでタクシーで家に帰れば、最高の贅沢コースになったらしいが、わが家はとてもそんな豪華には縁遠く、もちろん電車に乗って帰ってきた。それで充分に納得の、幸せな一日であった。

いまはもうない食堂車。初めて入ったときのうれしさはたとえようがない。昭和二十九年ごろの食堂車内の風景。

フラフープ・ダッコちゃん

フラフープが大流行したのは、昭和三十三年（一九五八）。関係ないけど長島が巨人に入団した年である。

硬いポリエチレンで、直径二センチのパイプを輪っかにしたものを、腰を回転させながらグルグル回して遊ぶ。

〝フープ〟は、英語の〝輪〟。〝フラ〟は、ハワイアンのフラダンスのように腰を振るので、このネーミングになった。

発売一か月で八十万本売れた、というのだから、その爆発的な人気ぶりがいかに凄かったのかわかる。あるデパートでは一分間に五本の割で売れた、とも。

ところがこの人気、わずか二カ月しかもたなかったんだそうである。

というのは、フラフープをやって腰を痛めたとか、どうも体に良くないんではないのかとか、噂がたちはじめ、とうとう禁止令まで出す小学校が

フラフープ人気は、アメリカが発信地になって世界中にひろまった。

出てきて、あっという間にフラフープ熱は冷めてしまった。

あのホッピング（昭和三十二年に大流行した）と、まったく同じケースである。

スプリングのついた一本足の鉄製の杖《つえ》を両手で握り、両足をペダルにかけて、体のバランスをとりながらピョンピョンとびあがる遊びが、ホッピング。これで何回続けてとべるかを競争する。

しかし、長くとびつづけて胃下垂になったとか、足に炎症をおこしたとか、ここでも社会問題化してブームは、あっという間に終ってしまった。

フラフープは、一本二百七十円だったからぼくも買って遊んだ覚えがあるけれど、ホッピングのほうは、大人用九百八十円もしたので、一度友だちのを借りてとんでみたことがあるだけである。いま考えてもどうしてあんなに流行ったのだろうか?

黒いビニール製の人形「ダッコちゃん」（正式な名前は〝ウインキー〟）人気は、昭和三十五年（一九六〇）六月のことだが、こちらは一個百八十円。この年二百四十万個売れたそうである。女の子たちが腕に抱きつかせて海辺を歩くのが格好いいというので、大流行した。

いつの時代もそうだが、ブームというのは不思議なものである。

ダッコちゃんはおもちゃ売り場で売られていたのではなくて、海水浴用品売り場で売られていた、というのが面白い。

修学旅行は二泊三日で京都・奈良。旅館では〝枕投げ〟

小学校の修学旅行はバスで箱根へ行った。一泊旅行で、各自一泊分の米をわざわざ持参していかなければばならなかった。

中学校は二泊三日で京都・奈良へ。

品川—京都間「ひので」という修学旅行専用列車が運転を開始したのが、昭和三十四年（一九五九）四月二十日だそうであるから、まさにこの第一号に乗っていたことになる。

みんな手に手に持っているのは懐かしいボストンバックである。

『昭和を走った列車物語』（浅野明彦／ＪＴＢ）には、その時刻表まで克明に載っているので確かめてみると、品川発八時五十分、京都着が十五時五十八分である。たぶんこれに乗っている。雨がしとしと降っていて、九月だというのにまだ真っ暗な時間に朝の弁当持参で駅に集合したと思う。遅刻してはいけないので、前日なかなか寝つけず、やたら眠かった。

ついでに帰路の時刻表も見てみると、京都発二十時三十一分、品川着が翌朝の六時三分になっていた。ああそうか、夜行列車で帰ってきたんだなと、眠い目をこすって家に帰ってきた記憶がわずかながらよみがえってきた。

『列車物語』には、その「ひので」の車内の様子も克明に記されていて、読んでいるうちに当時の思い出がみるみるよみがえってくる。

「車内は、四人掛けと六人掛けのボックスシートという、特異な座席配置である」

修学旅行専用列車「ひので」。このころ小さなスタートカメラで、よく友だちの記念写真を撮っていた。

「各ボックスにある大きなテーブル、窓の上ではなく座席の頭上に設置された荷物棚、デッキと車内の仕切り壁上にある電気時計などが、一般の車両と大きく異なる点だった」

列車名は東京から行く修学旅行には「ひので」、関西から出発するのには「きぼう」と名づけられていたのだそうである。他にも「わかくさ」「わかば」、北九州から京都へは「とびうお」、東北から上野へは「おもいで」などがあった。

また昭和三十四年から十三年半にわたって「ひので」を利用した修学旅行生は、計約二百四十万人にのぼる、とある。

車内では、ぼくらは一体何をして遊んでいたのだろう？　まずトランプ。六人掛けと四人掛け合わせた「ババヌキ」や「7ならべ」は、けっこう盛りあがったものである。小さな将棋盤や、サイコロで遊ぶ野球ゲームも面白かった。

修学旅行は間違いなく楽しかったはずなのに、いまはっきりと覚

駅で売られていた土ビンのお茶。十五円で、お茶の追加は五円。プラスティックになってからも、駅弁にはお茶が決まりだった。

えていることが意外に少ないのが不思議だ。訪ねた名所・旧跡だって果たしてどこへどう行ったのかさえあやふやである。

　しかし大人になってから京都へ何度も足をはこぶようになってくると、突然、あっ、と声をあげたくなるほどかつての修学旅行の記憶がありありとよみがえってくることが度々ある。

　それは、たとえば竜安寺の石庭の廊下の足の裏の感触だったり、昔に比べるとすっかり綺麗《きれい》になった新京極の道を歩いていて、ふと友だちとみやげ物屋をめぐり歩いていたときのわくわく感が、懐かしい思い出として湧《わ》き出してきたりする。

　寺の名や神社の名は忘れていても、京都のうどん屋のうどんの〝のどごし〟の感覚、八つ橋の香りの中に、修学旅行の楽しかったあれこれがしっかりつまっているのである。嵐山、金閣寺、東本願寺、三十三間堂、清水寺、平安神宮、京都御所……もうフルコースだったのだ。

　修学旅行は普段けっしして味わえない解放感と刺激にみちみちているので、こどもたちにとって毎日が興奮の連続だったのである。だから一つ一つの記憶がかえっておぼろになってしまっているのではないだろうか。

念のためにと自分のアルバムをとり出してながめてみた。

嵐山の渡月橋の前、清水寺の前、奈良の猿沢の池の前などの記念写真がある。京都では雨になってしまったらしく、みんなレインコートを着ている。奈良では暑くなったようで、みんな学生服の上衣を脱いで白いYシャツ姿だ。

豆つぶのように小さく見える団体写真の中の一人一人を確認していく。思わず好きだった女の子の顔を探しているのだが、小さすぎてなかなか見つからない。

いた！　たちまち気分は初々しい中学校時代に戻ってしまっている。彼女とは一度も同じクラスになったことがないので、ぼくのアルバムの中ではこういう団体写真の中にしか写っていることはないのである。

誰かに見られているわけでもないのに、思わず顔が赤らんでしまう。彼女は白いセーラー服姿だった。ああ懐かしい。

泊まったのは京都の和風旅館である。

こういうときに必ずやるのが〝枕投げ〟。布団敷きも自分たちでやったのだろうか。寝巻きはみんな各自持参していたのだろうか。きっと夜中じゅう大騒ぎして担任に怒鳴られたのだろう。

宿の食事はどんなものを食べたのだろう。

お風呂は、わざわざ近所の銭湯へ出かけて入った覚えがある。古式豊かないいお風呂屋さんだった。ペンキ絵は富士山ではなかったが、ではどこの風景が描いてあったのだろうか。

『列車物語』に、平成十三年（二〇〇一）六月二十五日付の「朝日新聞」の記事が紹介されている。

「修学旅行の費用は、中学が一人平均六万千五百円（二泊三日）、高校が九万八千六百円（三泊四日）」。

ぼくらの時代と比べてこれが高いのか安いのかはわからないが、昔は親がこの修学旅行の費用を工面するのがとても大変だったことは、こども心にもよく身にしみていて、いまでもそのことはしっかり覚えている。

奈良の唐招提寺の千手観音がえらく気に入って、大人になってからもその後何度か訪れるようになった。ほとんど忘れているようでも、こどもなりにところどころ思い出がしみている場所はちゃんと残っているのである。

列車の窓から駅弁を買うという姿も、もう見られなくなってしまった。「ベントー、ベントー」の声はもう聞けない。

学級新聞をつくって以来、ガリ版印刷に病みつきになった

わが家には少し古ぼけてはいたが謄写版の一式がそろっていた。きっとどなたかが新しい謄写版を購入したので、よかったらどうぞというような頂きものだったと思うが、当時自宅に謄写版のある家などまずなかったと思う。

小学校時代の学校のテストはもちろん、遠足の栞《しおり》、給食費の集金袋、通信簿までみなガリ版印刷だった。

ロー紙の原紙をヤスリの板にのせ、鉄筆で文字を書くと、ガリガリと音がするので、謄写版印刷のことを通称「ガリ版印刷」とみん

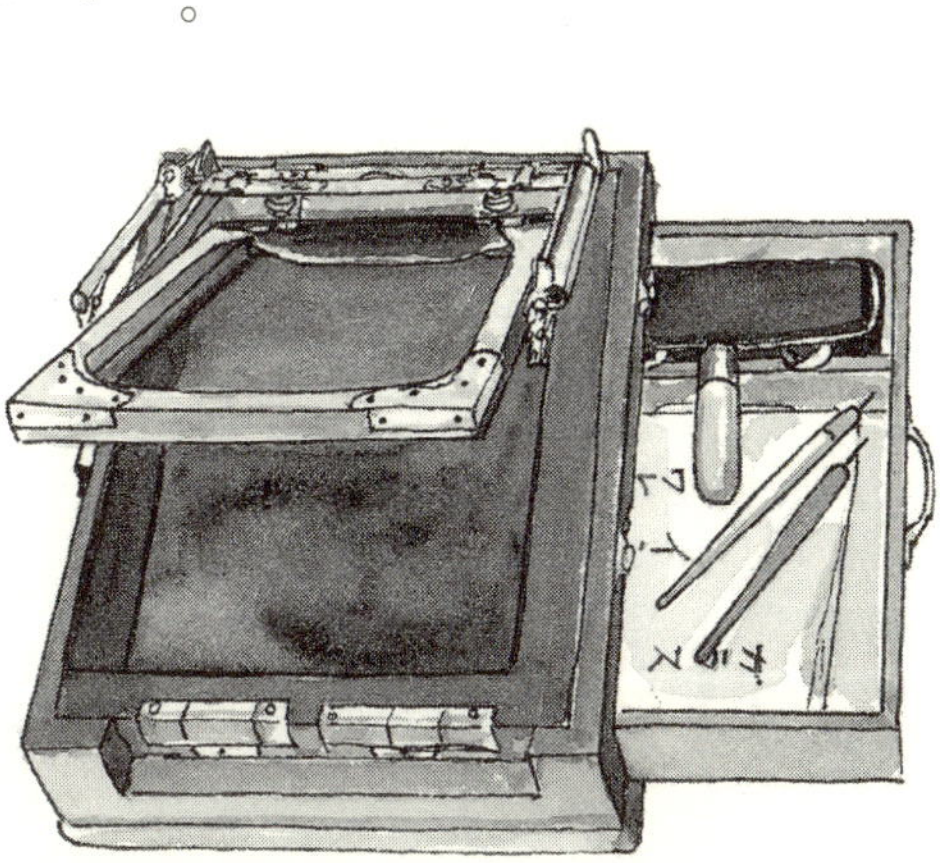

ガリ版、こと謄写版印刷一式。これで兄弟四人で「よにん」という同人雑誌をつくっていた。昭和二十九年のことである。

な呼んでいた。

このガリ切りはみんな担任の先生が自ら書いて自分で刷るので、文字の癖や筆圧の強い弱いの差で、刷り上がりがなかなか一律に綺麗に仕上がらない。

そこで必ずどこか印刷がはっきりしていないところが出てきて、学校で配られる印刷物は、一度先生があらかじめ読んで聞かせ、生徒たちに薄くなって読みにくい箇所の文字を鉛筆でなぞらせるというのがいつもの習慣だった。テストの時も同じである。まず文字のチェックをして、それからヨーイ、はじめ！　となる。

小学校六年になってからは、このガリ版で学級新聞や文集をつくった。職員室の隅に置いてあった謄写版でクラス全員五十枚分、裏表にローラー印刷するのはなかなか大変な仕事だったが、自分の書いた文章と文字がそのまま次々と刷られていくのは快感だった。

この透き通った原紙にガリガリとガリ切りをするのがすっかり病みつきになって、兄弟四人で「よにん」という同人雑誌をつくった

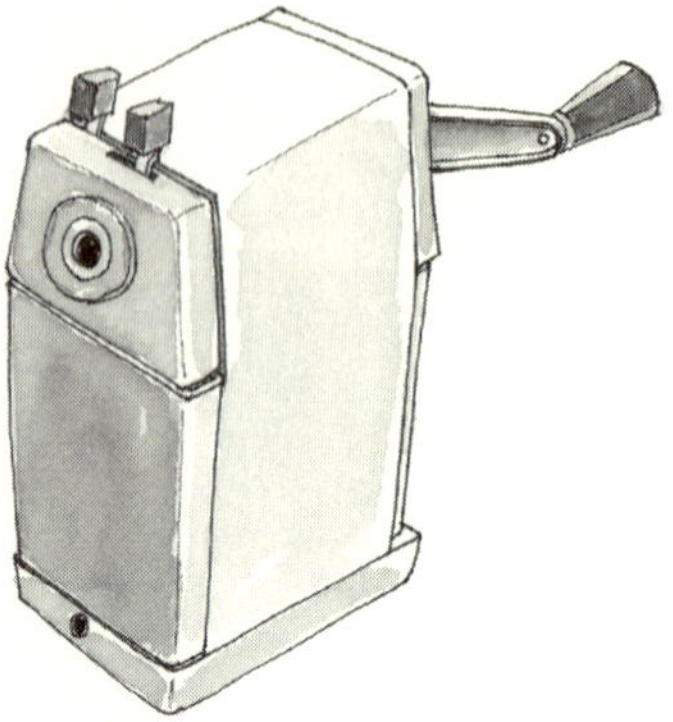

手動式の鉛筆けずり。肥後守というナイフでけずっていた時代から、一挙に解放されたのは、高校に入ったころだろうか。

り、中学時代の友だちと詩の同人誌を発行したりした。

いま文章を書く仕事をするようになった始まりといえば、このガリ版印刷のうれしさに行き着くのかもしれない。

それとぼくはいま筆圧が強い、丸い文字を書いているが、この味わいのまるでない筆跡も、ガリ切りのます目に一字一字書いていた当時の名残りで、必要以上の筆圧のせいで、いま時、親指と中指に大きなペンダコがついている。

ワープロやパソコンにどうしても転向できないのである。

六〇年代後半になってから一時テレビの三十分音楽番組の構成の仕事をしていたが、あのころのテレビ台本はすべてガリ版印刷だった。さすがにいまはいくらなんでももうパソコンでプリントされているのだろうな。

暮れになると文房具店に登場してくる「プリントゴッコ」。あれはほとんどガリ版のようで懐かしい味わいがあったが、最近のパソコン普及のせいか年賀状にもだんだん少なくなってきているのが残念だ。

リコピー。昭和三十年、湿式複写機としてリコーが発売した。「リコピー一台事務100倍」がキャッチフレーズ。

トム・ソーヤーの冒険

こども時代に、夏になると繰り返し読み返したくなる本があった。マーク・トウェインの『トム・ソーヤーの冒険』である。いまでも文庫本で持っている。

開拓時代のアメリカの話なのに、まるで自分の友だちのように身近に感じられて大好きだった。

しょっちゅう取っ組み合いの喧嘩をする。猫の死体をふりまわす。スキがあれば小学校をぬけ出して水浴びをする。

まるでぼくらの少年時代を再現して見せてくれているようだ。いっぱしに幼い恋もベッキーと交わしたりしている。

相棒はハックことハックルベリー・フィンである。ハックは自由な宿なしの浮浪児だから、学校へも教会へも行く必要がなく、釣りでも泳ぎでも、好きなときに好きなところへ行き、好きなだけ遊ぶことができる。

昭和二十八年五月十七日発売のカバヤ文庫。トムとベッキーが迷いこんだ洞窟は、いま「マーク・トウェイン・ケーブ」という名がつけられているそうだ。

うらやましいな、とつくづく思った。夏になると読み返したくなってくるのは、こういうところなのかもしれない。

ハックは村の大人たちからは、乱暴もので、下品なこども扱いをされるが、こどもたちは彼を心から尊敬し、親に内緒でハックと遊び、みんなハックのようになれたらいいなと願っている。つまり町内のガキ大将そのまんまだ。

それから舞台がミシシッピ河というのも、魅力の一つになっている。こどもたちが憧れる夏休みにピッタリの風景なのだ。

静かな夜に、トム・ソーヤーとハックルベリー・フィンが、ミシシッピの流れに筏《いかだ》を浮かべて、少しの食べ物を積んで、細長い島に乗りこんで行く……、これは少年が最も憧れる冒険である。

映画「スタンド・バイ・ミー」もまったく同じだった。ある日、仲間とそろって家を出て、冒険の旅に出る……。林間学校や臨海学校ではけっして体験できない、永遠の少年の夢である。

三十歳をすぎてこのミシシッピ河を眺めにアメリカへ出かけたことがある。なぜか無性に懐かしい風景に再会したように思えた。

昭和二十八年五月三日発売のカバヤ文庫。ハックとトムが筏を浮かべて川を下っていくシーンには猛烈に憧れた。

文通、ペンフレンド。未知の人との交際に胸ときめいた

テレビの「青春」もののドラマは、夏木陽介の「青春とはなんだ」が昭和四十年（一九六五）だから、ぼくはとっくに大人になってしまっていたが、いい年齢をして好んでこのての青春ドラマを欠かさず見ていた。

中村雅俊の「俺たちの旅」（昭和四十九）、「俺たちの朝」（昭和五十）もお気に入りで、あの「青春」ならではのちょっと苦い葛藤が、なぜか懐かしさに変わってきて、古い自分のアルバムをひもとくような気分になってくるのだ。

青春というのは、少年期と壮年期の間を指すことになっているが、『青春の終焉』（三浦雅士／講談社）という著書があるくらいで、なぜか「一九七〇年をまたぐと同時に、見る見るうちに萎《しぼ》んでしまった」と、いまや死語あつかいの言葉になりつつあるらしい。

確かにいま使うと口にするのも野暮ったく恥ずかしいという感じがしてこなくもない。

中学時代というのは、まだ少年期なのだろうが、その青春予備軍ともなる世代で、〝声変わり〟したり、〝陰毛〟が生えてきたり、当然、〝異性〟への関心の持ち方も小学校時代とは比べようもない。だからといってすぐに〝性〟とはつながらないのが昔の少年の無知なところで、女性器はわざと声高に〝おまんこ〟などといって呼んでいるくせに、それが〝性交〟へまでイメージがとても届いてはいないのだ。

「青春」もそうだが、「青年」という言葉も、もはや死語になりそうである。まさに「青春時代」の終りかもしれない。

幼なじみのカズミちゃんは、異性というより仲良しの隣りの家の女の子でしかなく、それでももう手をつないで歩くようなことはだんだんしなくなってくるのだ。ひそかに好きな女の子もいるのだが、とても声をかけて「好きだ」なんていえる度胸があるはずもない。

その好きな女の子と廊下ですれちがい、ニッコリと顔を合わせると、それだけで一日ひどくうれしかった。いまのこどもたちとはまるで比べようもないほど〝純情〟、そして〝可憐《かれん》〟な〝おくて〟の少年だったのである、かつてのぼくは。

性については、いまほど情報がはんらんしてはいなかったが、昭和二十八年（一九五三）ごろに「十代の性典」といういわゆる「性典映画」が流行していた。

「性典」というタイトルは凄いが、映画の中味はおとなしいものだったらしい。「らしい」というのは、とうとうぼくは見ることができなかったので。

セーラー服の少女（若尾文子）が有刺鉄線の柵《さく》を大きく片足をあげて乗り越えようとするポスターを見て、当時ドキドキしなかった少年は一人もいなかっただろう。しかしそのころぼくはまだ小学生だ。とてもとても映画を見ることなどかなわない年齢である。

女子には学校で特別に性教育の授業があったようだが、男の方にそのての指導や注意はまったくなく、勝手に友だち同士で情報交換して少しずつ性のウンチクと妄想をたくわえていたころである。

たとえばハゼ釣りに出かけた品川の海にはどこから流れてくるのか、コンドームがいつもポッカリ、ポッカリといくつも浮いていて、これを何のために使うのか、どうやって装着するのかはいつのまにか皆知っていた。また冬の一月には全校生徒参加のマラソン大会があり、チーム別対抗なので、前もってチームになった仲間たちと夜に、品川の八ツ山橋の鉄橋まで往復走る自主トレーニングをしていた。この旧東海道コースは、有名な品川宿遊廓《ゆうかく》あとの赤線地帯を走り抜けなくてはならなくなる。

チラチラと左右をのぞき見る好奇心はあったが、それは大人の世界のことで、自分たちとはまるで関係のない世界のものと、はっきり区別をしていた。

　映画「キューポラのある街」（昭和三十七年）の中学生・吉永小百合は「キスすると赤ちゃんが出来ると思っていた」といっていたが、それほどの無知ではなかったものの、セックスにまだまだそれほど実感のついてこない、ただの悪ガキ的好奇心でしかなかった。

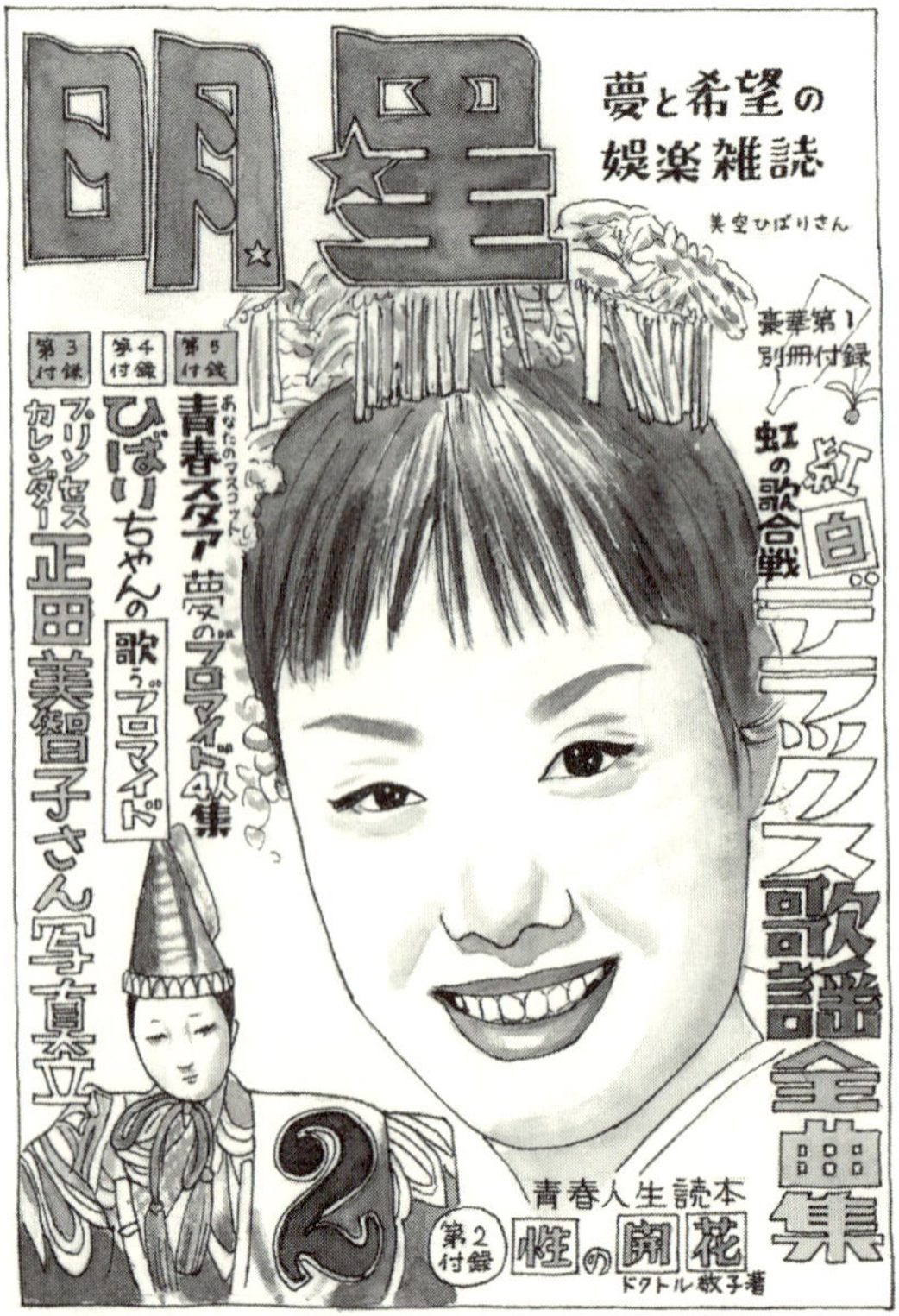

昭和三十四年（一九五九）二月号。表紙のスターは美空ひばり。ニッコリ笑ったスターたちの顔が、その時代時代を思い出させてくれる。

　月刊雑誌「歌と映画の娯楽雑誌」『平凡』が創刊されたのは昭和二十年（一九四五）、同じような「夢と希望の娯楽雑誌」『明星』の創刊は昭和二十七年（一九五二）になる。特別付録の「ヒット歌謡曲全集」や「スタアブロマイド」がいつも大人気だったが、「思春期の性典」やら「思春期の身上相談」「思春期の性医学」「十代の恋愛」というような別冊付録や特集記事にも人気があった。「性の身上相談」の頁は、他の学習雑誌にも必ずあったが、読者の頁で圧倒的にスペースを多くとられていたのが「文通を求めます」という文通欄であった。

「文通」、懐かしい言葉である。

〝ペンフレンド〟ともいうが、まったく顔も知らない未知の人と手紙を交換し合い、友情を深め合う。遠く北海道、九州、沖縄、海外へも拙《つた》ない英語で手紙を出したものである。

確かに〝男女交際〟のチャンスの場ではあったが、顔も知らない異性との手紙での交際である。いきなりのラブレターにはけっしてならなかった。

共通の趣味を語り、友情を確かめ、それが〝愛〟をはぐくむようになるには、それ相当の時間と手紙の交換が必要になってくる。こうして〝文通〟は当時爆発的といってもいいほど流行したのである。

『愛と死をみつめて』は わが純愛時代のベストセラーである

通っている中学校では、まずもてない男だったぼくが、ある時、突然モテモテになったことがある。

中学二年生になったある日の授業で、読書感想文を書かされた。本は伊藤佐千夫の『野菊の墓』。

ぼくはここで「政夫はウェットで女女《めめ》しい」「時代の流れに縛られっぱなしでは、自分の幸福なんてつかめやしない」「時代はともかく二人は積極性に欠ける」「最後まで、いじらしいとか、可憐だとかはいっておれない」「二人が愛していればそれでいい、なんて

昭和三十九年、レコード大賞に輝いた「愛と死をみつめて」。歌手は青山和子。

いうのは、古い」などと、自分ではとても出来そうもないくせに、無責任にいやに積極的なことを書いている。いやはや恥ずかしい。

ところがこの感想文が、いつのまにかどこかで中学生の読書感想文のアンソロジーに収録されてしまったらしい。

途端に全国の中学校の女子生徒から、学校宛てにファンレターというのか、文通を希望するという手紙が殺到した。

担任の教師はその都度ニヤニヤしながら「モテモテだねえ」といっては教室に手紙を届けてくれた。

中には自分の写真まですでに入っていて、ようやくこれがあの有名な文通というものなのかと得心をした。

十通以上はあったろうか、とても全部に返事を書く余裕はないので、その中の文字の綺麗な女の子を一人選んで手紙を書き、いよいよ文通が始まった。

何度手紙の往復があったのか忘れてしまったが、ある日「修学旅行で東京へ行くので、出来たら逢いたい」とあり、宿泊先の上野の旅館の電話番号まで書きそえてあった。

いや、これにはさすがに困った。

こんな話を友だちには出来ないし、兄弟にも、まして父や母に相談するわけにもいかない。第一どんな顔をして修学旅行に来ている団体の中学生の宿へ出向けばいいのだろうか。

大体もっぱらバンカラで、女子生徒との付き合い下手のぼくが、彼女と出会ってどんな会話を交わせばいいのだろう。相手は女子中学生である。彼女の担任の先生は一体なんというのだろう。

いろいろと逡巡《しゅんじゅん》した挙げ句、ぼくは近所の煙草屋の赤電話から宿へ電話し、彼女を電話口に呼び出し、都合が悪くどうしても行けないので申し訳ない、とお詫《わ》びの電話を入れた。
二、三分話をして電話を切ると、もう汗ビッショリ、それだけでヘトヘトになった。
以後もう文通はこりごりだと身にしみた。

三年生になったころ、同じ中学校に好きな女の子が出来て、その子とも文通を始め、いつのまにか最初の文通の彼女とはそれっきりになった。

赤電話。昭和三十年十二月から設置された。設置場所はとくに煙草屋が多かった、とある。なるほど、そういうわけだったのかと納得した。

高校に入り、しばらくその中学の彼女と念願のデートを重ねたりしていたが、結局ふられてしまった。

ぼくの「文通」の時代の終りである。


ぼくはとうてい「軟派《なんぱ》」にはなれなかった。その反対は「硬派《こうは》」。どちらかといえばこっちのほうが近いが、「武骨《ぶこつ》」なわりにはジャズのファンだったりしていたから、いわゆる「日本男児」にはふさわしくなく、当時の分類でいえばこれはやや「軟派」に属することになってしまう。

ジャズ好きが「ハイカラ」好きの「軟派」になるのに対し、ぼくの気分は「バンカラ」に憧れていた。体も大きかったから、よく殴り合いの喧嘩もしたし、それで一度も負けたことはなかった。つまり友人たちの間では相当に「乱暴者」のレッテルを貼られていたのかもしれない。知らぬは自分だけだったのかも。

「プラトニックラブ」という言葉がかつて流行った。〝清らかな精神的恋愛〟というものである。「純愛」ともいう。

そう、この「純愛」というのがかつてのぼくらの愛の「カタチ」、つまり「規範」になってしめつけていた。武者小路実篤、亀井勝一郎、それから堀秀彦などの人生論エッセイが主流だった時代である。二度と読みたくないが、とにかくぼくも一回は読んだ。

「純潔《じゅんけつ》」が何より尊ばれた。もう死語になっているだろうから辞書を引いておくと、①心身にけがれがなく、きよらかなこと。②性的に潔白なこと。である。

「愛があれば結婚していなくてもセックスしてもいい」という時代ではなかったのである。いや、いまやその「愛」もいらなくなっているようだから、以降「今」といちいち比較するのはよそう。

当時のその純愛の大ベストセラーが『愛と死をみつめて』（大和書房）である。昭和三十八年（一九六三）から三十九年にかけて百万部を超える大ベストセラーになった。吉永小百合主演で映画化もされた。

不治の病に冒され二十一歳の若さで亡くなった大島みち子と、その恋人河野実とのあいだの往復書簡集である。

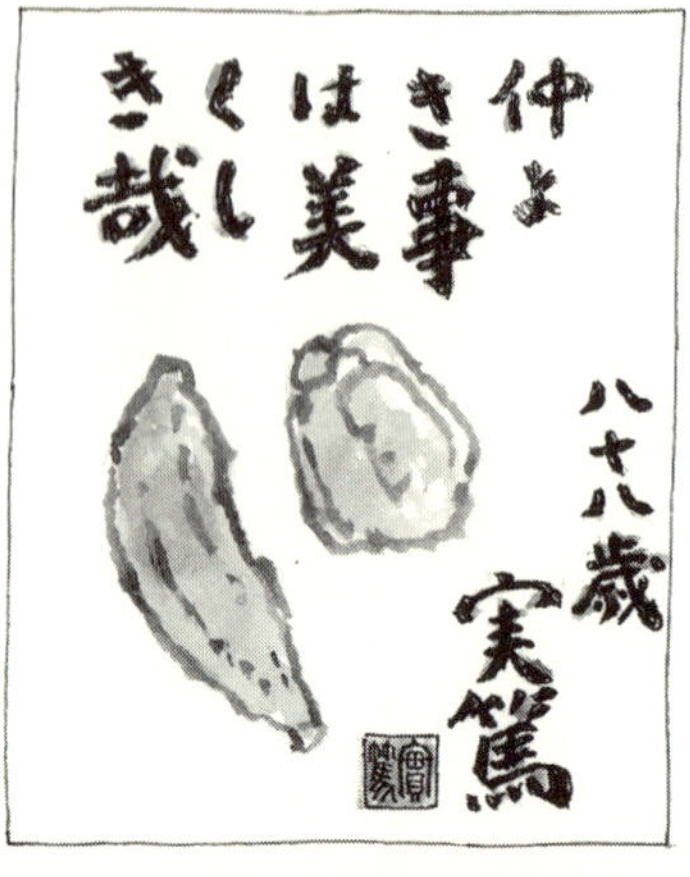

武者小路実篤のこの色紙は、当時みんなの家に飾っていた。

「あの時、貴方が私の全てを望んだとしたら『ノー』と言えたかどうか。でも貴方は求めなかった。今、その事がとても嬉しいような切ないような不思議な気持です。私達はやっぱり子供でいいわ。純粋な汚れのない気持でいる方が（体も）、ずうっと幸せでいいわ」

一九九六年、あるパーティーの席上でその河野実氏にお目にかかり、お話をする機会があった。長髪で黒いスーツ姿の、たぶん五十代後半になられているはずの河野氏に、いま結婚をされているのかどうかをおたずねしてみたかったのだが、どうしても口に出せなかった。

三十年以上も前のプライベートな愛のその後について、週刊誌のライターでもないぼくが、そんな失礼な質問を出来るはずがないのである。

二〇〇五年になってその『愛と死をみつめて』が復刻・再版されたことを新聞の広告欄で知った。「今」の若者たちにどう受けとめられるのかも知りたいが、河野氏がどんな気持ちでおられるのだろ

吉永小百合。〝サユリスト〟はまだまだ健在である。

うかと、複雑な気持ちになる。

フォークダンス。中学、高校と学校ではフォークダンスが大流行だったが、ぼくはとくに苦手だった。あのリズムに乗るのがどうしても照れくさいのだ。

メトロ映画超大作
TARZAN AND HIS MATE
これぞ本物！
メトロのターザン!!
ジョニー・ワイズミュラー主演
モーリン・オサリヴァン共演
監督セドリック・ギボンス
ターザンの復讐

Ⅱ章　遊び

いまうにいかうぽつめ
スピルカ
強壮飲料

アトムと鉄人28号は戦後最大のヒーローだ

『少年』に「鉄腕アトム」の連載が始まったのは昭和二十六年(一九五一)。ぼくは小学校の三〜四年生である。

連載の終了が昭和四十三年(一九六八)だから連載十八年。その後何度もテレビアニメ化されているから、ぼくの息子の世代にもそのまま引き継がれているという、史上最大のヒーローである。

このヒーローであるアトムは、小学校六年生で、学校に通い勉強をし、みんなと遊ぶ、平凡なこどもの一人であるというところが、それまでのロボットというイメージを一新させてしまった。

国産テレビアニメ第一号となった「鉄腕アトム」が登場したのは昭和三十八年、フジテレビ。アニメ・ブームの始まりである。アトムグッズはいまでも不滅の人気がある。

ロボットは友だちであり仲間の一人なのである。しかも誰もアトムをロボットだとは思っていない。人間以上に人間的に描かれているので、こどもたちがアトムから学ぶことは多い。正義感、友情、勇気、愛、幸福……。

こんなキャラクターを、焼け跡だらけだった戦後の日本に誕生させた手塚治虫という人は、いまさらに偉大な人物であった。

いまロボットづくりの開発が盛んだが、開発者たちの根底に「鉄腕アトム」があるのは間違いないだろう。それは十万馬力のジェット推進力を持ったロボットをつくろうというのではなく、かぎりなく人間に近いアトムのようなロボットを、ということである。

「ロボット」はチェコ語で〝強制労働〟を意味する言葉だったと聞いたことがあるが、アトムは、そうしたロボットではないロボットの可能性を描いて、こどもたちにいまも夢を育んでくれているのだと思う。

「ドラえもん」にかぎらず、こどもたちはロボットが大好きなのである。

横山光輝の「鉄人28号」は、やはり『少年』に昭和三十一年（一九五六）から四十一年（一九六六）にかけて連載されていた人気ロボット漫画だった。

二本のレバーのついたリモコンで操縦するロボットで、少年探偵・金田正太郎が操縦すると正義の味方になるが、悪者が操縦をするとたちまち悪の手先に変貌してしまう、という設定が先駆的であった。

科学は、それを使う人間によって〝善〟ともなり〝悪〟ともなる。どんなに進んだ科学的な発明も、それを人間がどう扱っていくかが大事なのだ、という警鐘がちゃんとふくまれていたのである。

進化したロボットが、その創造者である人類に牙《きば》をむく。アメリカのSF作家、アイザック・アシモフはこのパターンを「フランケンシュタイン・コンプレックス」と呼んだが、いいも悪いもリモコンを使う人間次第という鉄人28号の教訓は、いまパソコンの世界に少しずつ出てきているようでなにやら恐ろしい。

アトムの生年月日は二〇〇三年四月七日。身長一メートル三十五センチ。体重三十キログラム。胸囲七十三センチである。

鉄人のほうは、身長、体重、出力、最大速度などすべて謎のままになっている。

フジテレビの「鉄人28号」は昭和三十八年～四十一年。TBSの「エイトマン」（昭和三十八年～三十九年）など、テレビアニメが続々とつくられるようになった。そのビデオ版の「鉄人28号」。

月光仮面

〽どーこーの誰かは知らないけれど……。

国産テレビ映画の第一号である。

この主題歌を歌いながら、ふろしきを首に巻いて自転車や三輪車で走りまわる少年たちが日本中にいた。白ずくめのターバン、覆面《ふくめん》、マント、タイツという姿で、危機一発というところにオートバイでさっそうと登場してくる。オートバイは50cc、ホンダのスーパーカブだった。

この謎の人物は、私立探偵・祝《いわい》十郎（大瀬康一）。二丁拳銃で悪の集団・どくろ仮面をやっつける。

放送は昭和三十三年（一九五八）二月二十四日の夕方から、ラジオ東京テレビ（現ＴＢＳ）。視聴率なんと六八パーセントである。

約一年半、百三十回も続いたが、ふろしきをマント代わりにして、高いところからとびおりるこどもたちに怪我人が続出して、大人たちからいっ

こどもたちのヒーロー「月光仮面」。主演した大瀬康一は、その後「隠密剣士」でスターの仲間入りをするようになった。

せいに非難をあび、あえなく終了となった。

この月光仮面登場の前に「スーパー・ジャイアンツ」があった。新東宝の劇場映画「鋼鉄の巨人（スーパー・ジャイアンツ）」シリーズである。主演の若き宇津井健の股間のモッコリが話題になった。

昭和三十二年から三十四年まで、九本製作されているが、フジテレビからテレビ放映されたこともあって、こちらが本当は人気ヒーローの第一号だったといってもいいのかもしれない。

以下、「遊星王子」（昭和三十三年～三十四年／日本テレビ）、「少年ジェット」（昭和三十四年～三十五年／フジテレビ）、「鉄腕アトム」（昭和三十四年～三十五年／フジテレビ）、「まぼろし探偵」（昭和三十四年～三十五年／TBS）、「七色仮面」（昭和三十四年～三十五年／NET）、「豹（ジャガー）の眼」（昭和三十四年～三十五年／TBS）と、正義の味方のテレビ・ヒーローが続々と生まれてきた。

〽剣をとっては日本一に……少年はみんなチャンバラ中毒だった

中学生になるとさすがにチャンバラごっこはやらなくなるが、チャンバラ、つまり時代劇にはますます夢中になってのめりこんだ。映画、漫画、小説、かたっぱしから見た、そして読んだ。これはいまでもそうで、テレビ時代劇のシリーズが始まると一回でも見逃すのが嫌で、その夜の時間のために一日の仕事の調整をなんとかつけて、テレビの前に坐りこんでいる。

「赤胴鈴之助」（福井英一。のち武内つなよし）の連載が始まった

「少年剣士」の代表「赤胴鈴之助」。同じ少年剣士、堀江卓の「天馬天平」「矢車剣之助」にも夢中になった。

のは昭和二十九年（一九五四）、『少年画報』の七月号からである（昭和三十五年二月号まで）。

この年は、黒澤明の「七人の侍」、中村錦之助主演の「紅孔雀」が映画化された年でもあり、「時代劇ブーム」の始まりといわれる年にもなった。

〽剣をとっては日本一に……。

父の形見の赤胴を身につけて、無敵の剣法「真空斬り」で大活躍する少年剣士、金野鈴之助がラジオドラマになったのは、昭和三十二年（一九五七）一月七日から。ラジオ東京（現ＴＢＳ）で七百四十二回放送。聴取率三〇パーセント以上という人気番組だった。

この時、鈴之助の恩師・千葉周作の娘、さゆり役だったのが当時小学六年生の吉永小百合さんであった（語り手は山東昭子）。

大映で映画化されたのも同じ昭和三十二年。

「作・北村寿夫、音楽・福田蘭童、新諸国物語」は、「白鳥の騎士」（昭和二十七年）、「笛吹童子」（昭和二十八年）、「紅孔雀」（昭和二

十九年）、以下「オテナの塔」「黄金十字城」と五年間にわたるシリーズ作としてＮＨＫから流れた。

〽誰が吹くのか　不思議な笛が……
〽まだ見ぬ国に　棲《す》むという……

第一作の「白鳥の騎士」は新東宝で映画化されているのでたぶん見ているはずなのに、これはまるで記憶に残っていないのはなぜだろう。

つづく第二作「笛吹童子」が、まだ発足二年目の東映で映画化（三部作）されて大ヒットした（昭和二十九年）。中村錦之助、東千代之介を一気にスターダムに押し上げ、さらに「紅孔雀」（五部作・五週連続上映）で大ブームとなった。

当時わが家から歩いて行けるところに、記憶にあるだけで映画館が十軒以上もあった。封切り館はそのうちの数軒で、こちらは二本

〽ヒヤラリ、ヒヤラリコ〜、の主題歌は、〽剣をとっては……の赤胴鈴之助とともにこどもたちの愛唱歌となった。

立て。残りは常に三本立て、こどもの入場料は三十円だった。

　座席はいつ行ってもいっぱいで、坐るどころか立ち見のスペースからも人があふれてドアが閉まらない、なんてことがごく普通の光景であった。この状態の中で、毎週毎週、嵐寛寿郎の「鞍馬天狗」「むっつり右門」、大河内伝次郎の「丹下左膳」、市川右太衛門の「旗本退屈男」、片岡千恵蔵の「机龍之助」、長谷川一夫の「銭形平次」、高田浩吉の「黒門町の伝七」、月形龍之介の「水戸黄門」、大友柳太郎の「怪傑黒頭巾」等々を見つづけた。

　時代劇中毒の始まりのころである。小遣いを必死に貯めこんで通った。当時は、中学生は父兄同伴でなくては入場禁止だったのだが、一人こっそり入り、場合によっては二軒の映画館をは

竹中労さんの『鞍馬天狗のおじさんは』は名著であるが、やはり嵐寛寿郎こと「アラカン」さんに、こどもたちはみんな杉作となって憧れていたのである。

しごして見まくった。親も気づいていたはずだが、そのことでとくに注意をされることはなかったのが幸いだった。日本映画のゴールデンエイジと呼ばれ、観客動員十億人を超えた映画全盛期のころである。

いまチャンバラ好きイコール年寄りという言い方をされてしまうのは仕方のないことかもしれないが、とくに池波正太郎の小説にあらわれる「いなせ」とか「いさみ」「なさけ」「俠《きゃん》」というような心意気をなんとかこの平成の時代に取り戻せないものだろうか。

「この眉間の三日月傷が承知せぬわ、天下御免の旗本退屈男、諸羽流正眼崩し、一つお見舞い申そう」の早乙女主水之介。

百連発のコルト銃。これでよく西部劇の射ち合いをした

西部劇ごっこは、チャンバラごっこと並んで男の子の遊びを二分するほど人気があった。

腰に二丁拳銃をさげて一対一の決闘シーンを再現したり、電柱やゴミ箱のかげに身をひそめて射ち合い、追いつ追われつの決戦となったり、路地や原っぱを駆けまわった。

ピストルは、コルクがポンと鳴ってとび出す「コルク銃」だからいまいち迫力に欠けるが、そのぶん大声で「バーン！」「バーン！」と口々に叫んで撃ちまくった。

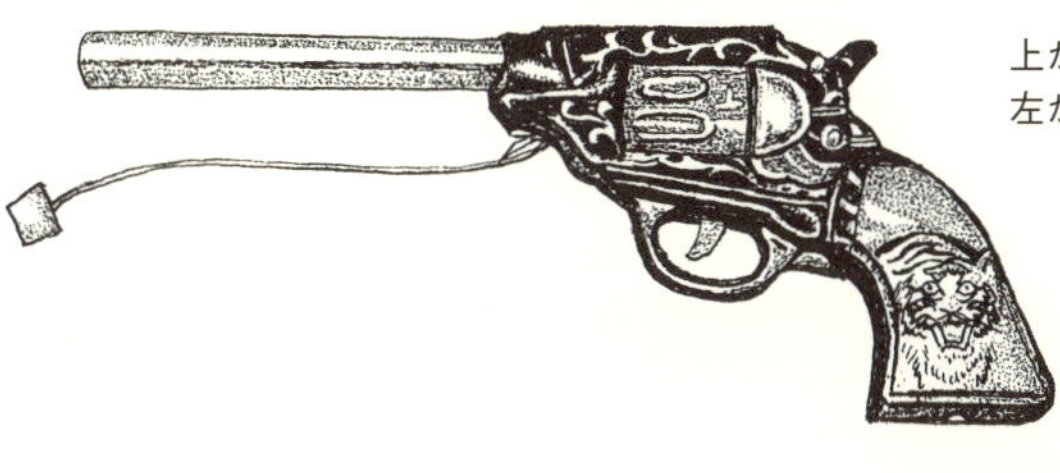

上が百連発のコルト銃、
左がコルク銃。

射たれたほうはオーバーに悶《もだ》える仕草をしながら、バッタリと地面に倒れなくてはならない。

火薬がついて本当に「パン！」と音のする連発式のピストルは、百連発の「コルト銃」だから本当は西部劇には似合わないのだが、これでもよく射ち合いをした。

紙テープのように細長く巻いた、赤い巻き玉を銃身に装着すると一発一発が音をたて、そのたびの火薬の匂いが何ともいえずいい匂いがした。

一番最初に見た西部劇はなんだったんだろうか？　ジョン・フォード監督、若きジョン・ウエイン主演、リンゴ・キッドの「駅馬車」だったような気もするが、ヘンリー・フォンダのワイアット・アープの「荒野の決闘」だったかもしれない。

六歳上の兄がとにかく映画好きだったので、

よくベスト・テンをあげよ、というアンケートがあるが、西部劇ならこどもの時に見た「駅馬車」の印象がやたら強くて、やはりナンバーワンにすると思う。

ぼくがまだ小学校へ入る前から毎週のように映画館へ連れて行ってくれていた。

おかげで初期の西部劇はほとんど見ているといってもいいほどである。

ワイアット・アープ、ドク・ホリディ、ビリィ・ザ・キッド、バット・キャレット、ジェーシー・ジェームズ、ワイル・ビル・ヒコック、バッファロー・ビル、それから女性のカラミティ・ジェーン。昔の少年はみんなヒーローの名前をしっかり覚えているはず。

またボブ・ホープの「腰抜け二丁拳銃」（昭和二十五年）に出演していた男装のジェーン・ラッセルの颯爽《さっそう》とした姿にすっかり魅せられて、密かにグラマー女優に憧れるようになった。

マリリン・モンローが来日したのは昭和二十九年（一九五四）であるが、ぼくは夜の第一京浜国道に立って、羽田から車で過ぎていくモンローに手をふった。そしてモンローは車の中からこちらへしっかりと投げキッスを返してくれた。

ぼくが小学校六年生になったころである。

ブリキ製のカウボーイ。乾電池で投げ縄がグルグル回転するようになっていた。

西部劇には西部劇ならではの音楽と歌がある。ウエスタン・ミュージックである。

「荒野の決闘」の「愛しのクレメンタイン」とか「黄色いリボン」、「真昼の決闘」の「ハイヌーン」、「シェーン」の「遥かなる山の呼び声」、マリリン・モンローの「帰らざる河」、「大砂塵」の「ジャニー・ギター」、「デヴィ・クロケット」、「腰抜け二丁拳銃」の「ボタンとリボン」、みんないまでも歌える。

じゃあテレビの西部劇は、といったら、フランキー・レインの〽ローレン、ローレン、ローレン……、がテーマソングの「ローハイド」が真っ先に浮かんでくるはず。

昭和三十四年十一月～昭和四十年三月。NET（現テレビ朝日）で土曜の夜八時から九時まで放送されていた。

「シェーン」のイントロダクションは美しかった。美しい風景画のような草原を馬に乗ったシェーンがあらわれる。そこで「遥かなる山の呼び声」が流れ、タイトルが出てくる、だったはず。

テキサスからミズーリまで、約二千キロ。牛の大群を運ぶカウボーイたちの物語だった。

リーダーは、ギル・フェーバー（エリック・フレミング）、やさしい心の若者ロディ（クリント・イーストウッド）、それとウイッシュボンじいさん（ポール・ブリネガー）が懐かしい。若きクリント・イーストウッドの吹き替えは山田康雄である。

テレビのウエスタン・ブームのはしり、といわれた。

同じ西部劇の「ララミー牧場」（昭和三十五年〜三十八年）のジエスことロバート・フラーの〇・五秒の早射ちもカッコ良かった。

「ライフルマン」「幌馬車隊」「ボナンザ」「ガンスモーク」「コルト45」「名犬リンチンチン」「ローン・レンジャー」、そして後に大スターとなったスティーブ・マックィーンの「拳銃無宿」（昭和三十四年〜三十六年）は、極めつけの傑作だった。

主人公の賞金稼ぎの名は、ジョッシュ・ランドールである。ああ、この名前を思い出すだけで懐かしくなる元少年が多いんではないかな。

「ローハイド」の若きクリント・イーストウッド。

「ララミー牧場」のロバート・フラー。

「アーアーアー」誰もがターザンになりきっていた

ジョニー・ワイズミュラーの「ターザン」を初めて見たのは何歳だったのだろう。相当に幼なかったはず。まだ小学校へ入る前だろうか。

ジョニー・ワイズミュラーの「ターザン」は六代目で、一九三二年の「類人猿ターザン」以来十二本のターザン映画に主演した、とあるが、

数あるアメリカン・ヒーローの中でも「ターザン」は特異な存在である。二十世紀の自然人、動物たちとの交流ぶり、「密林の王者」に憧れない少年は一人もいなかった。

もちろんぼくは戦後に決まっているし、街の三番館で見ているはずだから日本で公開されてからはるかずーっと後である。「ターザンごっこ」は、チャンバラごっこと同じぐらい一時期人気があった。

木に縄を吊してつかまり、勢いよく空中を飛び、見事に着地してみせるか、あるいはそのまま海や川にドボンと飛びこむのだ。その時に「アーアーアー」と、声をあげる。腰にはナイフに見立てた木の刀をさげていなくてはならない。

紙芝居で人気のあった山川惣治の「少年王者」は、昭和二十二年（一九四七）に単行本化されているが、この主人公・牧村真吾のスタイルはほとんど「ターザン」そのままである。紙芝居は二十一年末から二十二年夏ごろにかけて評判になったというから、ぼくは紙芝居で「少年王者」を見ていることになる。

「少年王者」は、キップリングの「ジャングル・ブック」にヒントを得てつくったといわれているが、では、エドガー・ライス・バローズの小説「類人猿ターザン」と「ジャングル・ブック」ではどち

カバヤ文庫の「ジャングル・ブック」のタイトルは「狼少年」だった。

らが古いのだろう。

　同じ山川惣治の「少年ケニヤ」は、昭和三十年二月二十五日、「少年タイガー」は、昭和三十一年六月二十日刊である。『別冊太陽／子どもの昭和史　昭和二十年―三十五年』を見ると「ジャングル活劇」という項が見開きであり、ジャングルもの・猛獣もの・秘境ものが当時大流行していた様子がわかる。手塚治虫の「ジャングル大帝」は昭和二十五年である。

「カバヤキャラメル」の全盛期も同じころだったんだ。

「カバヤ文庫」を手に入れるための、カバヤのカードは、そのものズバリ「ターザン」「ボーイ」「チータ」だった。なぜか「ジェーン」というカードはなく、「カバの王様」（これが最高点の五十点）「カバ」「カバの子」のカードがあった。

　ターザンといえば、ぼくらはワイズミュラーにつきるが、彼がオリンピックの水泳選手で計五個の金メダルをとった人物、というのは少年時代にすでに知っていた。

　日本でもオリンピックの水泳選手・浜口嘉博を主役に、ジャング

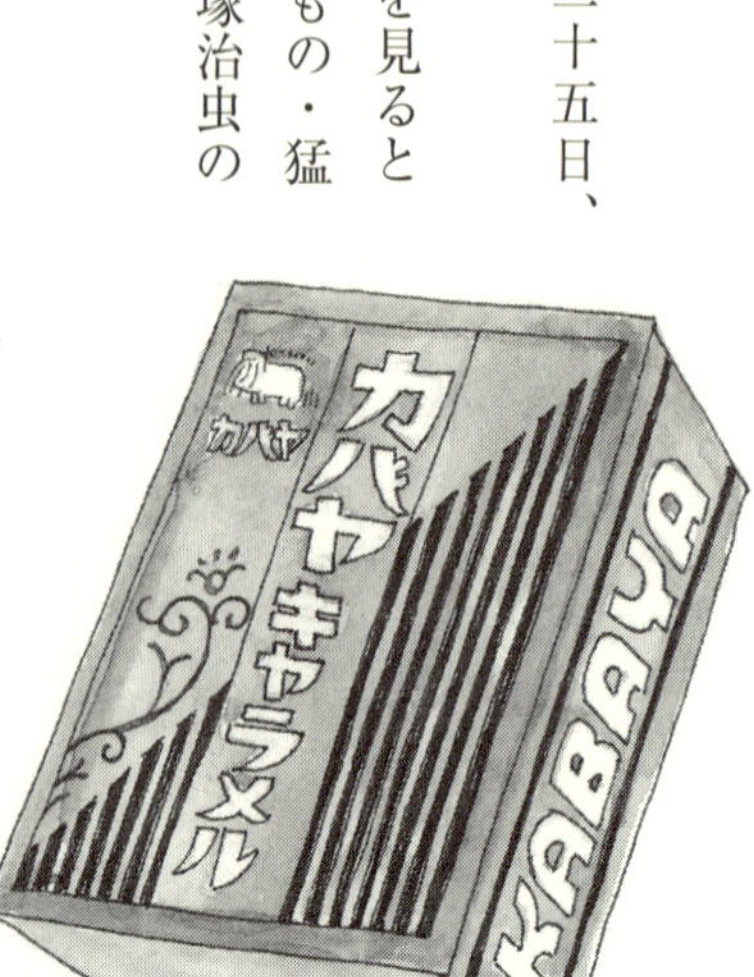

カバヤ文庫を手に入れたくて、カバヤカードを一生懸命集めた。

ルを舞台にしたターザンものの映画をつくったはず。ぼくはこれも見ている。たしか「ボンバ」とかいうタイトルだったと思うが、残念ながら確かではない。

先ほどの「ターザンごっこ」が、なぜジャングルも森もない街のこどもたちに流行ったのかというと、街はそのころどこへ行っても焼け跡だらけで、焦土となった空地には草がボウボウと生え、こどもたちが全身すっぽりと隠れてしまうほどの背の高い雑草で埋まっていたのだ。まるでジャングルもどきであった。

崩れたレンガ塀《べい》の上から縄につかまり、ポンと飛びおりても草むらがクッション代りになって怪我をするようなことはけっしてなかったのである。

街はつまり〝自然〟でいっぱいだった。

ターザンの住んでいた掘立小屋だってこっそりとつくって遊ぶことができた。当然ここがこどもたちの秘密基地にもなった。「ターザンごっこ」が流行るわけである。

『昭和家庭史年表』（河出書房新社）で調べてみたらワイズミュラ

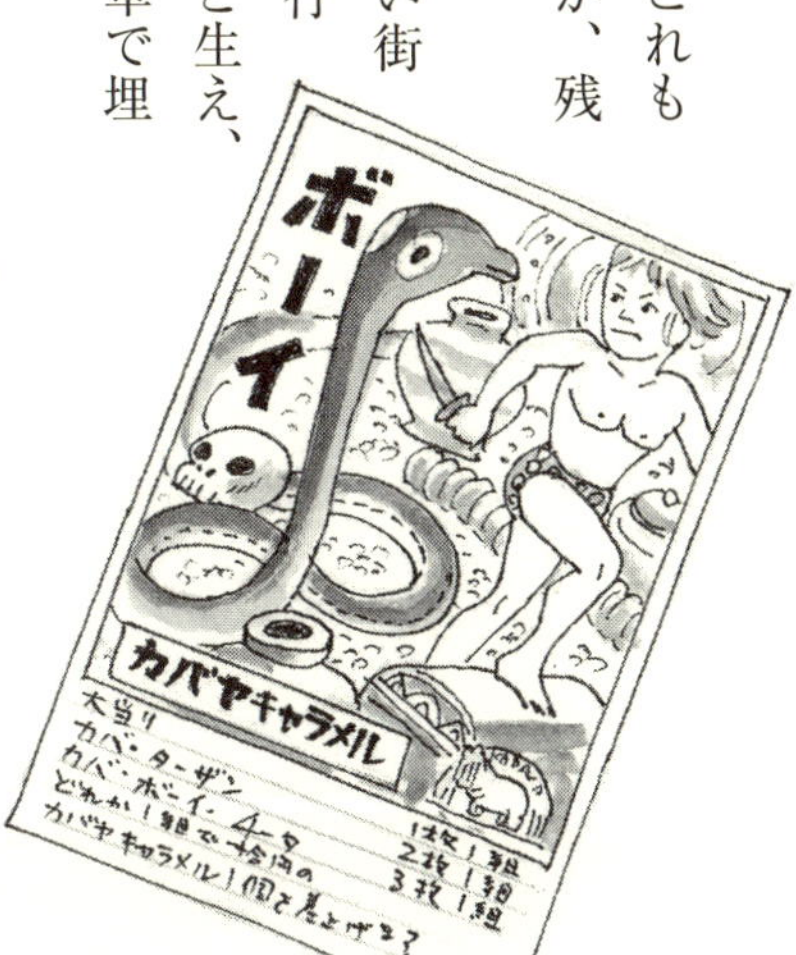

ーの「ターザンの逆襲」は昭和十二年（一九三七）に公開された映画だった。

盧溝橋《ろこうきょう》事件が起こり、日中戦争が始まった年だ。〽暗い浮世のこの裏町を、の「裏町人生」がヒットし、永井荷風の『濹東綺譚《ぼくとうきたん》』の連載が「朝日新聞」で開始されている。

田中絹代と上原謙の映画「愛染かつら」は翌年の昭和十三年の公開になっている。「ターザン」てそんなに古い昔の映画だったんだなあ。

キグレサーカスのキャッチフレーズは「夢と冒険の国」である。主役はなんといっても空中ブランコだった。

お祭りで、学校で、昔の男は相撲が大好きだった

ぼくが小学六年生のときの学校での四股名《しこな》は千代乃山。〝青年横綱・千代乃山〟と呼ばれていた力士である。

当時は野球人気と二分するほど相撲人気が盛りあがっていて、どこへ行ってもみんなすぐに相撲をとった。

お祭りの日には、神社の境内に土俵がつくられて、相撲大会が開かれた。大人もこどもも腕に自慢の男たちが、ちゃんと白い褌《ふんどし》をしめて優勝を競った。

学校でもちょっとの休み時間になると、校庭に円を描いては取り

青年横綱・千代乃山。突っ張りが得意技だった。

組みをしていた。それが病膏肓《やまいこうこう》となってクラスで番付表と星取り表をつくり、十五日間の大相撲大会が開かれた。

その時のぼくの四股名が千代乃山だった。

当時の横綱は羽黒山、鏡里、吉葉山、そして千代乃山の四人で、栃錦、若乃花がまだ大関だった時代である。中継はもちろんラジオ。当時のスポーツ・アナウンサーはプロ野球も大相撲も名人といわれた志村正順さんである。解説は神風正一さん。

〝栃若時代〟といわれるようになったのは昭和三十三年（一九五八）、テレビの時代になってからである。

ぼくの母は〝土俵の鬼〟と呼ばれていた若乃花の大ファンで、力士としては小柄な若乃花の手に汗握る相撲に、テレビを見ながら毎日ハラハラと悲鳴をあげていたのを思い出す。

若乃花の引退後は、今度は貴乃花のファンになり、心臓に持病があるのになぜよりによってこうもヒヤヒヤさせられる小兵力士ばっかり好きになるんだろうかと、家中のみんなが思っていた。力負けすると口惜しがり、そのぶん勝つと大騒ぎをし、このときだけは

若乃花を寄り切る栃錦。「栃若時代」といわれるようになったのは昭和33年。テレビの時代になってからである。

普段見ることのできない、母の一喜一憂ぶりだった。

父親に連れられて一度だけ国技館へ出かけて桟敷《さじき》席に坐っていた記憶があるのだが、まだ幼かったせいか、よく思い出せない。誰か、父の出生地である石川県出身の力士に控室まで会いにいったはずなのだが、力士の名がまったく浮かんでこないのである。

おみやげの折り詰やら茶わん、手拭い、もろもろのセットがつまった風呂敷包みで意気揚々と家に帰ってきたのは覚えているのだが。

大相撲が最も人気のあったといわれる双葉山の時代はいざ知らず、ぼくが印象に残っているのは昭和三十五年の大阪場所、栃錦と若乃花の両横綱が全勝同士で千秋楽に対決した一番だ。

結局、大相撲のすえ若乃花が勝ち、全勝優勝した。この年に大鵬が入幕して十二勝。敢闘賞をとって大人気になり、〝巨人、大鵬、卵焼き〟時代の幕開けの年にもなっていく。

『少年マガジン』創刊号の朝潮太郎。横綱になったのは昭和三十四年。千代乃山が引退した年である。

周防正行監督の映画「シコふんじゃった」は大学の相撲部を描いて面白かったが、かつて小林桂樹の「サラリーマン出世太閤記」（昭和三十二年～三十五年）のシリーズの中で、自動車会社の社長の家の庭にわざわざ土俵がつくってあって、そこで新人社員の小林桂樹と社長の加藤大介が相撲をとるという場面があった。たしか相撲自慢の社長に、小林桂樹が勝ってしまうという話だったと思うが、こんなストーリー、いまじゃとても考えられないだろうな。

それしかなかったといえばそれまでだが、昔の男は、柔道に剣道（チャンバラ）、そして相撲に、大人もこどもも心底熱中していたんだと、あらためて思う。

相撲ばっかりとっているのでズボンのベルト通しがすぐに切れてしまい、毎夜のように母に繕ってもらっていたことを思い出した。

「少年サンデー」の表紙に大鵬が登場。横綱になったのは昭和三十六年。柏戸と並んで「柏鵬時代」と呼ばれた。

渡辺のジュースの素です、もう一杯

冷蔵庫がまだ氷で冷やされていた時代の少年の飲みものは、そのものズバリ〝水〟であった。とくに夏の飲みものは誰だって〝冷たい〟ものが欲しくなるのが当然だが、街の子は生ぬるいテッカン（鉄管）ビールなどと呼んでいた〝水道〟の水を飲むしかない。

母の田舎の〝井戸〟の水は、冷たくておいしかったという記憶があるが、街の子はそうはいかない。

冷蔵庫の氷をこっそりカチ割りしてかじったことが何度もあるが、そうそう削ってばかりいては冷蔵庫でなくなってしまうので、我慢

昭和三十年代の思い出を語る人が必ずとりあげるのが、「渡辺のジュースの素」。

しなくてはならない。

もちろん三ツ矢サイダーとか、バヤリースオレンジ、それからなぜかお米屋さんにしか売っていない「プラッシー」という飲みものなどがあった。

カルピスもわが家に置いてあったが（たぶんお中元のいただきものである）、これはこどもが自分勝手に飲んでいい飲みものではなく、夏の来客があったときに、こどものぼくらもご相伴でようやく飲むことが出来るというような、つまり母の管理する飲みものなのである。

最近でこそぼくもミネラル・ウォーターを買って飲むようになったが、ただの〝水〟をわざわざお金を払って飲むなど、かつての少年にはとても考えられないことだった。

夏には〝麦茶〟。麦茶は大きなヤカンに入っていて、これは自分で勝手に飲んでいい唯一のわが家の夏の飲みものであった。

いまでもなぜか夏になると麦茶が飲みたくなる。麦茶ってまるで冷し中華のようなお茶である。

どういうわけかお中元というと、カルピスの時代があった。

当時、サイダーは、三十五円～四十円（昭和三十七年）だった、と『戦後値段史年表』（朝日文庫）にある。バヤリースオレンジはいくらだったのかは掲載されていないのでわからないが、一日五円～十円のお小遣いのこどもたちには、手が届かない金額である。

　そこへ、エノケンが歌うCMソング「ワタナベのジュースの素です、もう一杯」が登場してくる。

　昭和三十年代の思い出を語る人々が、必ずといっていいほど懐かしそうにふれる、あの「渡辺のジュースの素」である。

　一杯分で五円～十円。〝粉末ジュース〟はこどもたちが自分で買える、初めてのジュースになった。

　小さな袋に顆粒《かりゅう》状のオレンジジュースの素が入っている。一袋がコップ一杯分あって、これをコップにあけて水を注げば、ハイ、これでジュースの出来上がりである。

　欲張って水を入れすぎると薄くなりすぎてまずくなる。きっちりコップ一杯分の分量を守らないといけない。

　種類もオレンジ、イチゴ、パイン、グレープ。泡の出るソーダも

昭和二十八年に発売された名糖の粉末ジュース。二百二十六グラム入り一袋が百円だった。

あった。

そのうち、いまの洗剤のような大きさの〝徳用缶〟まで売り出され、スプーンでひとさじすくって自分で入れて飲む、というシステムになった。これも欲張って量を入れすぎると濃すぎて、かえっておいしくなくなるものだった。

わが家の冷蔵庫の氷が、どんどん小さくなり、それまで一貫目の氷のはずだったのが、夏場だけは特別に二貫目の氷を注文するようになった。

思わず書いてしまったが、この〝貫目《かんめ》〟という〝目方《めかた》〟の重量の単位も懐かしい。

この〝徳用缶〟のおかげで、こどもたちはようやくわが家でジュースを好きなだけグビグビと飲めるようになった。これで万万歳である。

ところがこの、粉末ジュースの全盛期は、昭和三十年代半ばから後半にかけてのわずかな間で、ある日突然、幻のように姿を消してしまうのである。

カバヤも「インスタント・ジュース」という名で発売していた。「春日井のソーダの素」というのも人気があった。

「紅梅キャラメル」や「カバヤキャラメル」もそうだったが、ある日突然姿を消す、というところが余計に懐かしさを誘うのだろう。「渡辺のジュースの素」も、まったく同じコースをたどっている。

これまで懐かしいだけでとくに考えもしなかったが、なぜなんだろう？　と少しだけ調べてみたら、一つは、人口甘味料のチクロが、厚生省で〝有害〟とされたかららしい。

もう一つは、ジュースに果汁含有量の表示が義務づけられたからである。

そうか。ぼくらのこども時代は、オレンジ色をして甘い飲みものなら、それでオレンジジュースとしていたのである。

〝天然〟である必要もなかったのだ。

氷いちごも、氷レモンも、氷メロンも、赤く、黄色く、グリーンのシロップで充分に満足していた時代ならではのことである。

それから、お米屋さんの「プラッシー」は、「プラスビタミンC」からネーミングされたのだと、今度初めて知った。

この〝お米屋さん〟も、いまのこどもたちにはなんのことやらわ

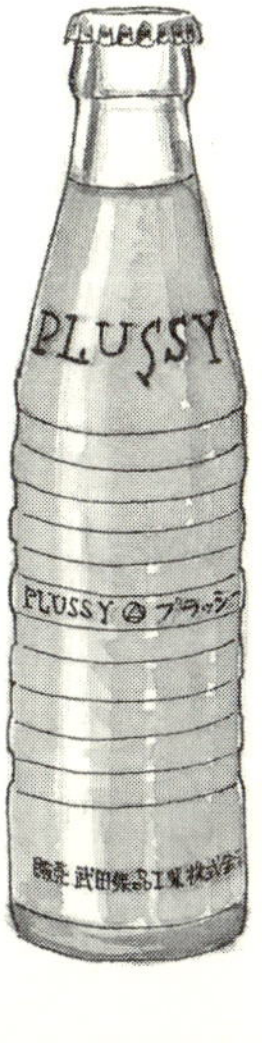

お米屋さんだけに売っていたプラッシー・オレンジ。昭和三十三年から平成六年まで売られていた。

真っ赤な箱の紅梅ミルクキャラメル。「野球は巨人、キャラメルは紅梅」がキャッチフレーズだった。

からないかもしれない。「米穀《べいこく》通帳」もなんだか懐かしい。まるで身分証明書のように、なにかというと通帳の提出を求められていたっけ。

米がまだ配給制だった時代に、ぼくらは少年時代を過ごし、渡辺のジュースの素をゴクゴクと飲んでいたのである。

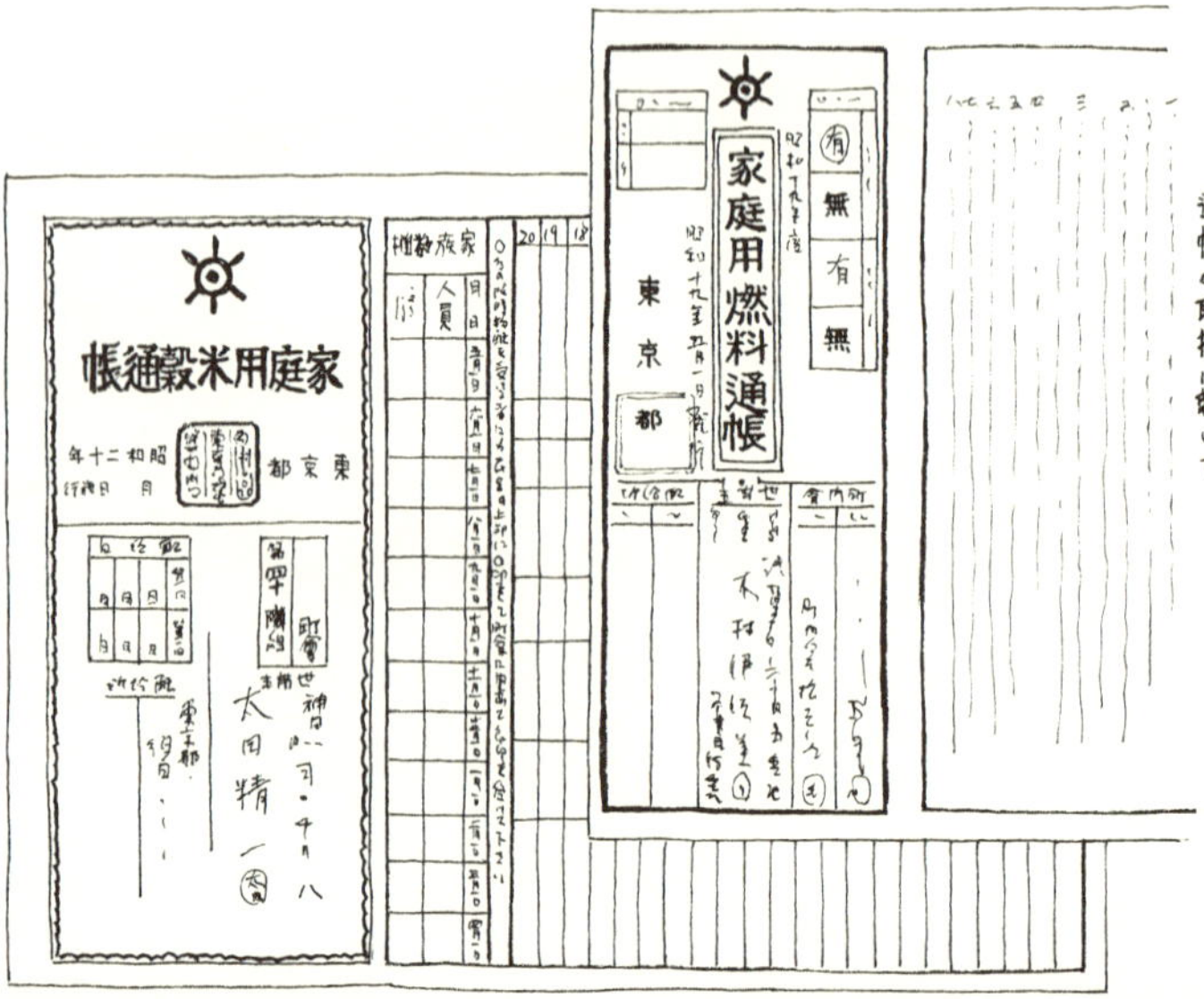

「米穀通帳」。身元を保証するときは、これしかなかった。

林家三平

『現代風俗史年表』（河出書房新社）によると「林家三平人気」は昭和三十三年（一九五八）からのことらしい。

鉄腕稲尾の四連勝で、西鉄が巨人に奇跡の逆転優勝をした年である。栃錦と若乃花の栃若時代。裕次郎の〽おいらはドラマー、も同じ年。五味川純平の『人間の条件』がベストセラー。美智子妃の「ご清潔で、ご誠実で」のミッチーブーム。

こうした時代に「どうもすいません」「よし子さん」「奥さん、からだだけは大事にしてください」で日本中が沸いていたのだ。

ぼくは林家三平の「源平盛衰記」のヴィデオを持っているので、何度か思い出したように見るのだが、いまでもストレートに笑える。そのサービ

「どうもすいません」に代表される林家三平落語の楽しさは、ひとえにその人柄の魅力にあったのではないだろうか。

ス精神、エネルギーに感動させられ、あまりの安易なギャグに逆に笑わせられてしまうのは、まったく昔と同じである。懐かしいけれど、そこに少しも古さを感じさせないのも驚きである。

「おもちも入ってベタベタと、安くてどうもすいません」の渡辺のお汁粉のコマーシャルは、昭和三十四年になってからだった。

「渡辺のジュースの素」の方は喜劇王・エノケンなのだから、林家三平がいかに当時お笑いの人気者になっていたかがわかる。

林家三平の高座を、いわゆる落語通の人々がなかなか認めようとしなかった時期もあったが、こどもたちは、そのワンパターンのマンネリズムにこそ愛着を持って、林家三平その人の人柄を愛していたのだと思う。

いま林家正蔵となった三平の息子のこぶ平さんや、その弟のいっ平さんにも何度か会ったことがあるが、いつも礼儀正しく、そして明るい人柄の兄弟たちであった。そこにどこか林家三平という人を偲《しの》ばせて、好ましい兄弟である。

「どうもすいません」をいい続けて、昭和五十五年（一九八〇）九月二十日に亡くなった。なんと、まだ五十五歳であった。

まるでカケラのような小さなおもち、ほとんど粉になったあずき味。それでもあのころは充分、お汁粉だった。とにかく、おいしいと思っていたのだから。

組立工作付録からプラモへ――かつての少年は探険を夢みていた

ぼくの少年時代には、プラモデルはまだごく一部のマニアのものでしかなかった。

プラモデルのブームというものが始まったのは、昭和三十年（一九五五）からである。

自動車、飛行機、そして軍艦、戦車などに人気があった。部品も七～八個で完成、というようなごく簡単なものが主流だった。

もちろん百五十個余りの部品を組み立てるような複雑なものもあったが、こちらはすでに大人のマニア向けに作られていたのだろう。

零式艦上戦闘機52型プラモデル。

そのプラモ登場以前に、少年たちが熱中したのが、月刊少年雑誌の「組立工作付録」である。

幻燈機、望遠鏡、顕微鏡などの、とても手に入れることのかなわない夢の高級品が、たとえボール紙製とはいえ、付録についているのだから熱狂しないわけがない。

メタリックな質感をイラストで描いてあるのだが、それでもわざわざ「金属製」と書いてあるのが泣かせた。

少年雑誌の付録に、テレビや扇風機まであったのだから、「夢の組立工作付録」にはやはり時代をつくづく感じる。

少しも涼しくならない、ボール紙製の扇風機をグルグル回して、それでも充分うれしかったのである。

これはぼくだけのことではないと思うが、工作付録の一番の楽しさは、「月世界探険・宇宙ロケット」とか、「ミサイル発射戦闘機」、「快速・空中電車」というような、いわゆるSF「空想もの」にあったのではないだろうか。

「南極探険・雪上車」、「つばさがとび出す快速ジェット機」という

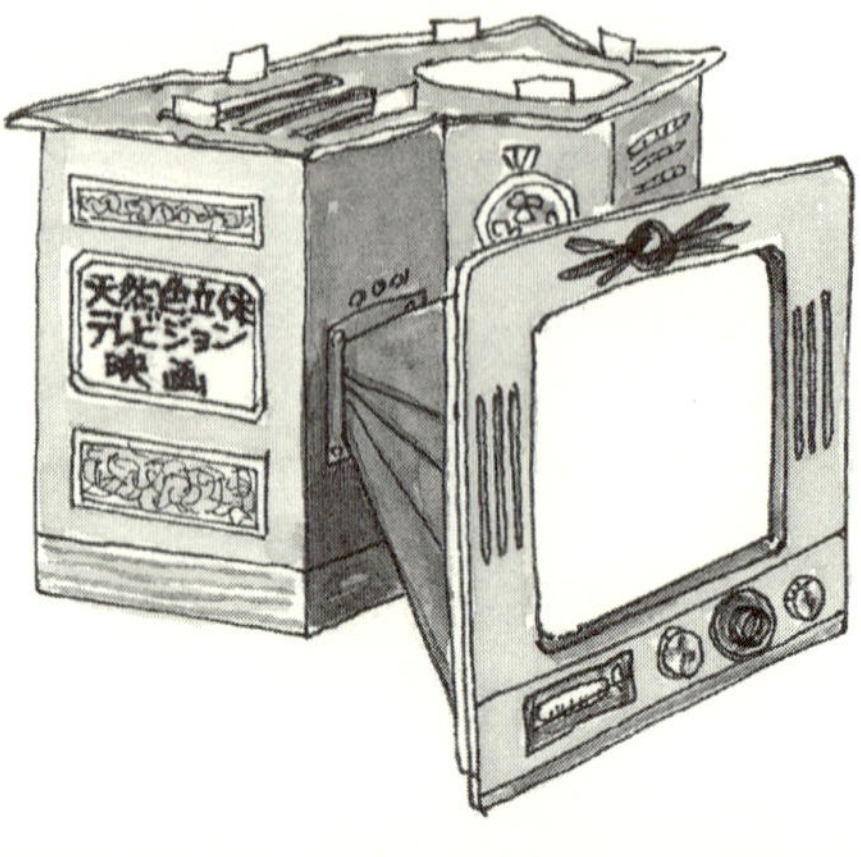

ボール紙製の天然色立体テレビジョン。実は幻燈機である。『少年』の昭和二十九年一月号の組立工作付録。

のも良かった。この「探険」という二文字に、かつての少年は憧れ、冒険の夢をかけていたのだろう。あれもこれもすべてボール紙製。動力となるのはすべてゴムひもである。プラモは、この組立工作付録のプラスティック版といえるだろう。

動力が次第にゴムひもからミニモーターに進化していったが、それが宇宙探険車や、地底を走る戦車であるところはまったく同じである。

それほど「宇宙」や「地底」、「海底」という言葉にロマンがあった。

あの「工作付録」を毎月設計し、イラストを描いていた人々はどんな人たちだったのか、いまとても知りたくなる。

「プラモデル」の設計者のことも詳しく知りたいものだ。

きっとジュール・ヴェルヌの『海底二万里《マイル》』『八十日間世界一周』、H・G・ウェルズの『宇宙戦争』『タイムマシン』などの愛読者だったに違いあるまい。

小松崎茂の『地球SOS』『火星王国』『海底王国』などの挿画の

小松崎茂のプラモデル箱絵。戦艦大和や空想科学ものを細密で迫力のある一枚絵に描く、小松崎茂を知らない少年などいないはずである。

リアルさに感動していたぼくらに、この工作付録は、自らがまるでその未来の「科学」を組立てているかのような、夢を与えてくれていたのかもしれない。

素材が、ボール紙とゴムひもでしかないところに、よけい、未来への夢はどんどんふくらんでいったのだろう。

一九六九年（昭和四十四）七月二十日、アメリカの「アポロ11号」が月面着陸したとき、一番熱狂したのは、きっとかつての工作付録少年であり、プラモ少年たちではなかったろうか。

いまは「宇宙開発」というが、やっぱり「宇宙探険」のほうが、かつての「探険」好きの少年にとっては楽しい。

疑うことなくつくっていた、夢の、平和のためだったはずの「ミサイル発射戦闘機」だが、いま、こうも現実の戦争で見せつけられると、かつての「夢」とのギャップに、ちょっと裏切られたような気分がしてこなくもない。

プラモデルの「ノーチラス号」という潜水艦が登場したのは、昭和三十三年（一九五八）である。いまの原子力潜水艦の不気味さに

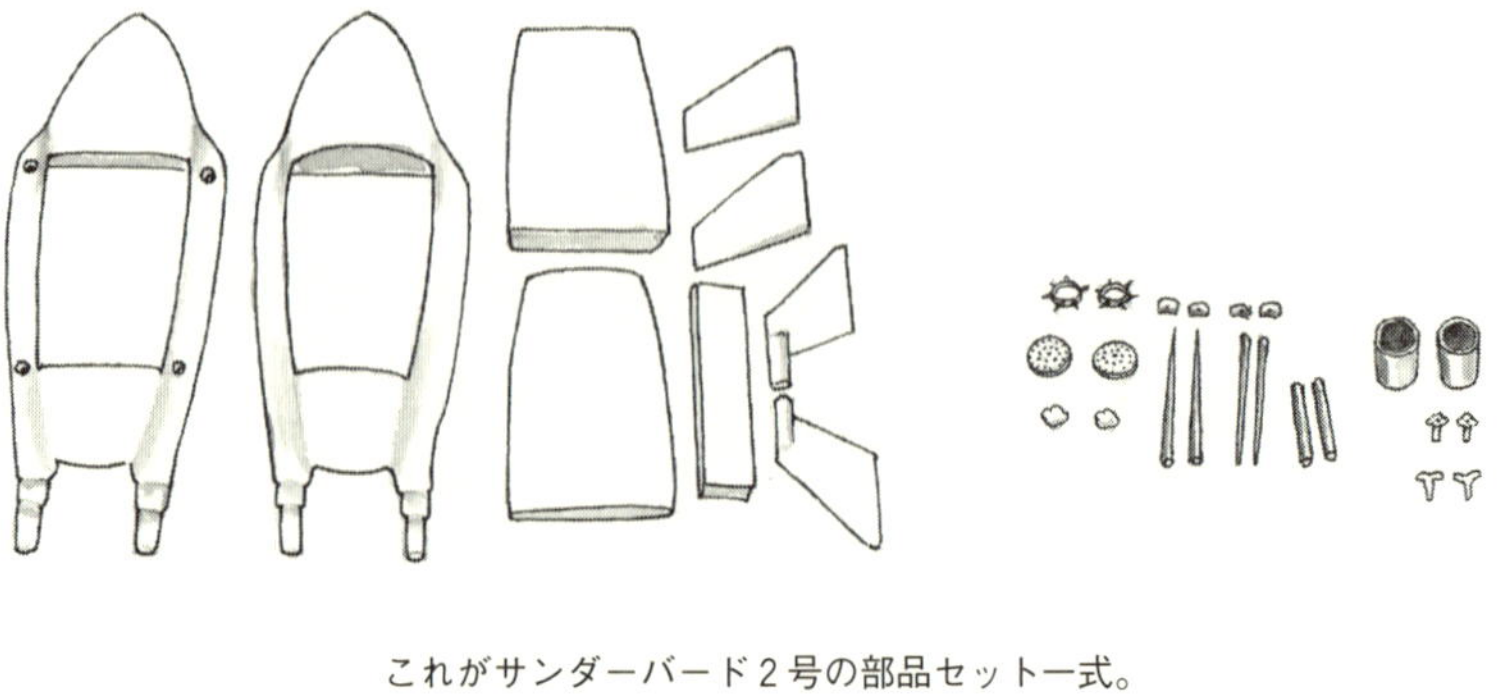

これがサンダーバード２号の部品セット一式。

くらべると、もっと明るく夢多いものであった。

自動浮沈式のプラ模型「伊号潜水艦」が大ヒットしたのは、翌年の昭和三十四年（一九五九）。

ゼロ戦や戦艦大和、そして「鉄人28号」のプラモが誕生したのは、昭和三十七年（一九六二）になる。

あのイギリスの人形劇「サンダーバード」の「サンダーバード2号」は、昭和四十一年（一九六六）に発売され、サンダーバード関係のプラモが爆発的に売れた。

なんと「サンダーバード2号」だけで百万個を超えたというのだから凄い。

ガンダムプラモや、改造プラモデル「ミニ四駆」（ミニ四輪駆動車）が大人気になるのは、年号が「平成」（一九八九）になってから。わが家の息子たちがようやく「少年」になったころである。

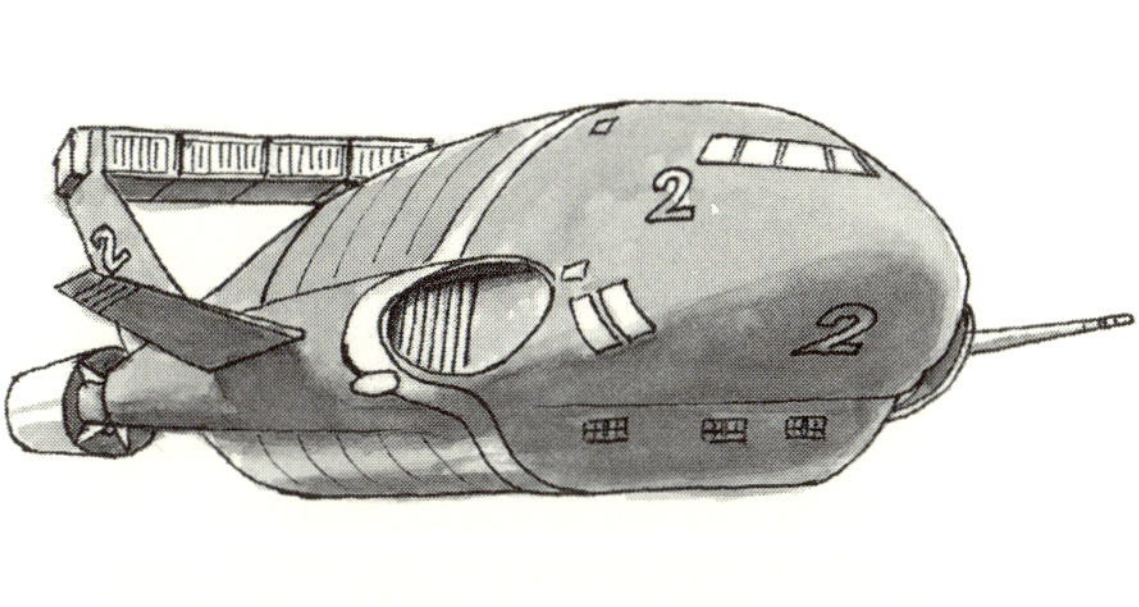

100万個を超えた「サンダーバード２号」のプラモデル。

G・I・ハット、ブギウギ……こどもたちはアメリカに魅かれていった

B29は第二次世界大戦で最も強力な兵器だったといわれる。

ぼくはテレビの映画やドキュメンタリー番組でしかその姿を見たことはなく、空襲も、焼夷弾《しょういだん》の投下される光景もすべてフィルムや写真の中でしか知らない。

ぼくは当時二歳。学童疎開ではなく、一家そろって母の実家の能登半島の海辺に疎開していた。

一九四五年（昭和二十）八月十四日、ポツダム宣言受諾。同三十日に、コーンパイプにレイバンのサングラスの大男が厚木に降りた

日本のこどもと仲よくなったMP（ミリタリーポリス）。

った。連合国軍（GHQ）最高司令官、ダグラス・マッカーサーである。

　日本はオキュパイド・ジャパン、被占領国になっていた。考えてみるとぼくの小学生こども時代は、ほとんどこの占領下の七年間で占められているのだ。一九四五年から一九五二年にかけて、ということはぼくは三歳から十歳になる。「敗戦」は「終戦」と言葉が変わり、「占領軍」をぼくらは「進駐軍」と呼んでいた。ほとんどがアメリカ兵だった。ものごころがついてようやく一人で外に出て遊べるようになった幼いこどもの目には、ジープで町を走るシンチュウグンが、すでにずっと以前からそこにそうして暮らしていたかのようにしか見えず、現にそのGHQがつくった六三制教育で小学校に入り、ララ物資（極東救済委員会）の給食を食べ、中学からたどたどしい英語を習うようになった。

　どうも自分たちの国が占領されているのだという意識をまるで持ってはいなかった。お腹をすかせ、ないないずくしの毎日の生活だったが、メンコ、ビー玉、ベーゴマ、縄とび、石けり、三角ベース

昭和二十年、厚木飛行場に降りたダグラス・マッカーサー。

の野球、とにかく遊ぶことにだけ全エネルギーをぶつけて生きていた。

　初めて見るガイジンも慣れてしまえば次第にどうということのない異国の人であり、少なくともぼくが出会ったアメリカ人たちはみな丸腰だったから、とくに恐いと思ったこともなかった。

　MP《エムピー》（ミリタリーポリス）は腰に大型拳銃をさげて、よく交差点の真ん中で交通整理をしているのを見かけたが、かぶっている白いヘルメットと合わせて、MPはやはり恐いというよりちょっと不気味な感じがいつまでもあった。まるでカウボーイみたいだ、なんて思ったりもした。

　彼らが普段かぶる長方形の進駐帽は、G・I・ハットと呼び、新聞紙を折り紙代りにしてつくってよくかぶったものである。帽子の真ん中を少しへこましてかぶるのがおしゃれ、ということになっていた。

G・I・ハットの折り方

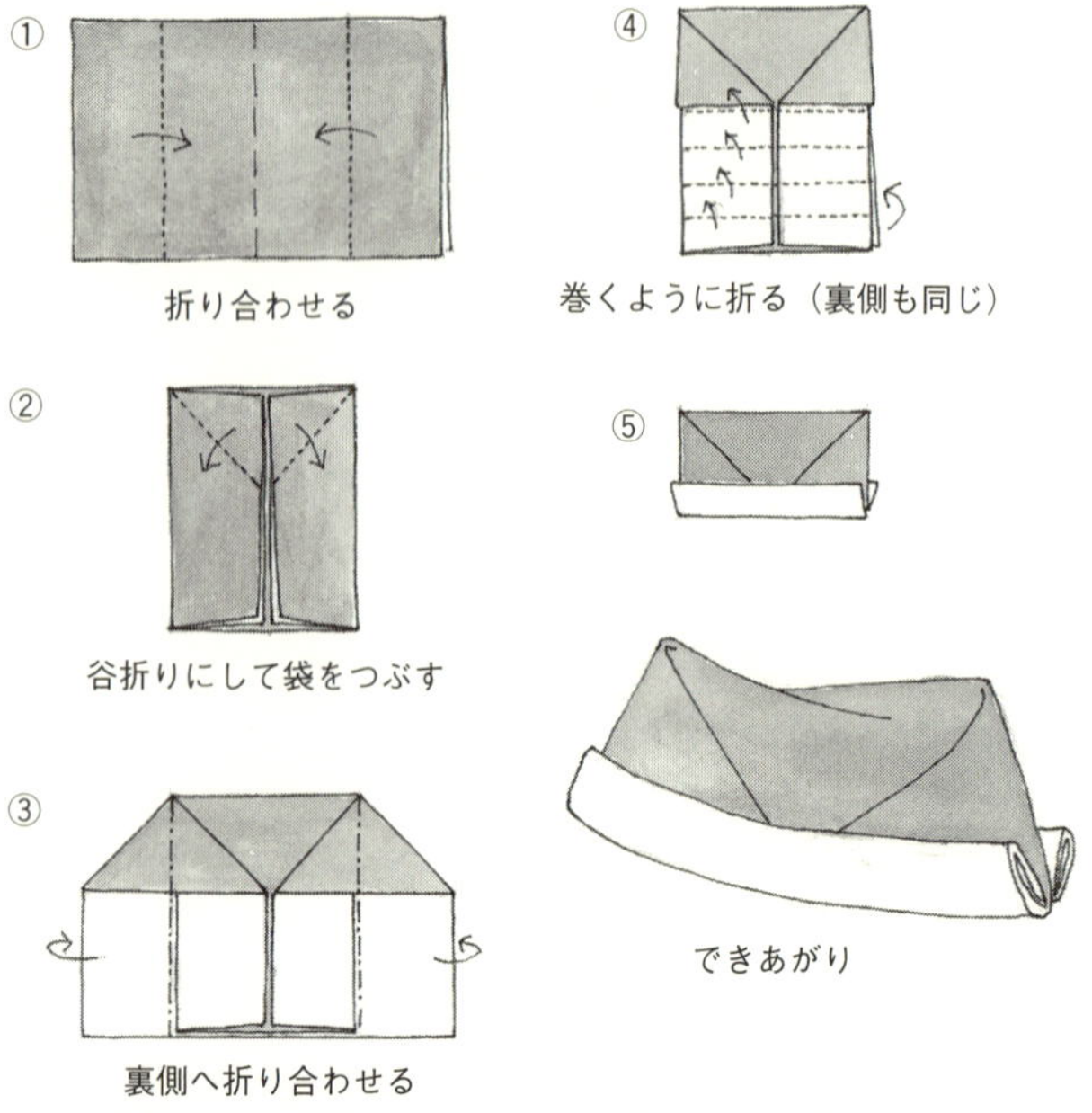

折り合わせる

谷折りにして袋をつぶす

裏側へ折り合わせる

巻くように折る（裏側も同じ）

できあがり

同じ新聞紙を折ってつくる日本のカブトよりも、このG・I・ハットの方が断然スマートで格好良く、これでガムでも嚙めば、すっかりG・Iだが、親たちはこの帽子はとても嫌がっていた。

「サーサ皆さん　東京名物」

で始まる暁《あかつき》テル子の「東京シューシャインボーイ」

という歌は昭和二十六年（一九五一）に流行った。

「シューシャイン」は「靴みがき」である。

戦災孤児たちが、焼け跡の盛り場でアメリカ兵を相手に「シューシャイン、シューシャイン」と声をかけ、靴みがきをする。

「とってもシックな　靴みがき」という歌の文句とはほど遠い。

しかしこうやって少しずつコミュニケーションをとっているうちに、こどもたちから占領軍という恐さがとれていったのかもしれない。

当時の流行歌「東京の花売娘」（歌・岡晴夫）の歌詞の中に、「粋

「シューシャインボーイ」と呼ばれた靴みがきの少年。宮城まり子の「ガード下の靴みがき」は昭和三十年のヒット曲。

なジャンパーのアメリカ兵の……」とあるように、親の複雑な心境とは別に、だんだん日本中がアメリカナイズされていくのが、こどもでもわかった。その代表的なのがジャズだったろう。

笠置シヅ子の「東京ブギウギ」が大流行したのは昭和二十二年（一九四七）だが、この年は小学校でララ物資によって給食が再開された年にもなる。

「ト、オッ、キョ、ブギウギ」と歌う笠置シヅ子はとにかく明るくパンチがあった。「ブギの女王」ともいわれ、「ジャングル・ブギー」「ホームラン・ブギ」「買物ブギー」と、ブギウギが次々にラジオに流れ、こどもたちもすぐに覚えて歌った。

中でも「買物ブギー」は傑作、とこれはいまでも思う。

ブギウギというのは、ジャズピアノの演奏スタイルの一つであった「ブギー・ウギー」のことである。アート・テイタムというジャズ・ピアニストがこのブギー・ウギーの名人だった。

現在のぼくの住居は横須賀に近いので、アメリカ兵とその家族の姿には、ごく日常的に出会う。夏には一緒にバーベキュー・パーテ

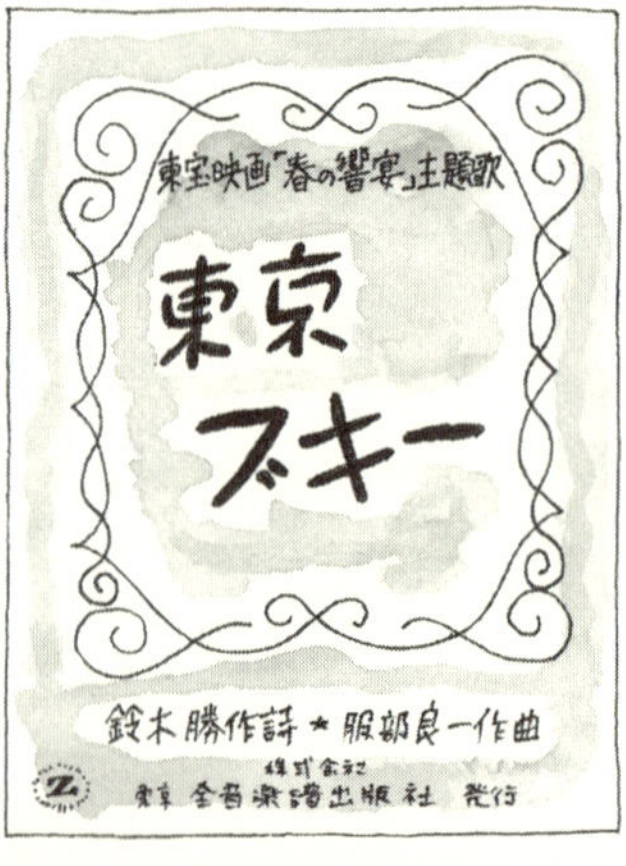

ィーを楽しんだりするほど、ごく親しい隣人となっているアメリカ兵もいる。ハンバーガーやフライドチキン、ホットドッグ、コーラや缶ビール、革のジャンパーやジーンズ。新鮮な驚きをもって受けとめていた数々のものが、ごく普通にいま身のまわりにあるようになったのと同じことである。

マッカーサーが、連合国軍最高司令官を解任されて帰国したのは、一九五一年。サンフランシスコ講和条約、日米安保条約が発効し、「占領」と呼ばれる時代が終ったのは一九五二年（昭和二十七）四月二十八日。ぼくは十歳になった。

あの「君の名は」の放送が始まり、真知子巻きが大流行した年である。

PX＝ポスト・エクスチェンジ。アメリカ軍のスーパーのようなものが銀座に３カ所あった。和光は高級将校用。松屋と伊東屋はそれ以外。

ポパイ

ポパイ〔Popeye the Sailorman〕 アメリカの漫画映画のスター。怪力の船乗り。恋人はオリーブ。一九三三年映画化。

『日本語大辞典』（講談社）だと、こうやって紹介されてある。載っているだけましだと思うべきか、それにしてもこれではとてもぼくらの愛したポパイ像を描いているとは思えない。

『昭和家庭史年表』（河出書房新社）には、昭和八年（一九三三）のところで〈ホーレン草のヒーロー「ポパイ」誕生〉という大きな見出し。「アメリカで、フライシャー兄弟のマンガ『ポパイ』が登場」と記されてあった。

この昭和八年に「サイタ、サイタ、サイタ」のサクラ読本が教室に登場したともあるから、ポパイはずいぶんと歴史のあるキャラクターだったのだなと、あらためてわかったが、日本では当時上映されていたのだろうか。

ポパイのテレビアニメで育った世代は、もはや五十代をとっくに越えていることになる。

『現代風俗史年表』〈河出書房新社〉の昭和三十四年（一九五九）の項にポパイの記述を見つけた。

ＴＶ「ポパイ」人気　日曜夜7時30分から三〇分間（ＴＢＳ）、不二家の提供（'59年1/17〜）。アメリカでの誕生は'19年、マンガ登場の第一声は、「あんた船乗りかい？」と聞かれて「おれがカウボーイに見えるかよ」と答えた時の返事。主題歌は、中島そのみの歌う〽ポパーイ・ザ・セイラーマン。登場人物は、ほかにオリーブ・オイル、悪役ブルートー（のちブルータス）、ハンバーガー好きのウインピー、何でもできる超動物ジープ（4WD車の語源といわれている）。

と、こちらはかなり詳しい。のちのマガジンハウスの雑誌名がずらりと登場している。

昭和三十四年は皇太子結婚パレードなど話題の多い年だったが、朝潮の表紙の『週刊少年マガジン』と、長島茂雄の表紙の『週刊少年サンデー』が創刊された年でもある。

ポパイのメンコ。ほうれん草の缶詰なんか食べて元気になるのだからポパイはえらい、と思った。

丸坊主だったから慎太郎刈りはできなかった

「疾風怒涛の一九六〇年代」とよくくくられる。

一九六〇年は昭和三十五年だが、たとえばツイスト、ジルバ、リーゼント、そしてロックン・ロールというように音楽やファッションにかぎると、そのスタートは五〇年代の後半、つまり昭和三十年から始まっている。

エルビス・プレスリーの「ハート・ブレイク・ホテル」は一九五六年（昭和三十一）。日本では映画「太陽の季節」や「狂った果実」で石原裕次郎が爆発的人気を得たころである。五七年の正月映画

石原慎太郎ブームは昭和三十年から起こった。作家その人が社会のヒーローとして登場したのは、『太陽の季節』が最初だったろう。

「嵐を呼ぶ男」は大ヒットして裕次郎は大スターとなっていく。

石原慎太郎の『太陽の季節』は一九五五年下半期、第三十四回の芥川賞を受賞し、ペニスで障子を突き破るという当時としては背徳性の強い描写と、ヨット、マイカー、そして女狩りと、湘南の無軌道な若者たちの性を描いて、社会的な一大ニュースともなった。〝太陽族〟という流行語も生まれ、〝慎太郎刈り〟という髪型もはやった。

ぼくは十三歳の中学生だったが、『文學界』七月号で読んだ。まだ幼いせいもあって、心からの喝采《かっさい》を送るというようには小説は読めなかったが、石原慎太郎その人にはカッコイイと憧れた。もちろん石原裕次郎にも。

〽俺らはドラマー、やくざなドラマー、のメロディを口ずさむようになるのが、裕次郎時代の始まりであった。

頭は丸坊主だったから、慎太郎刈りも裕次郎刈りもできるはずがないし、貧しいわが家にヨットもマイカーもあるはずはないから、映画を見てもまるで遠い異国の話としてしか受けとめられなかった。しかし〝不良少年〟、そして〝ドライ〟という流行語には漠然と憧れていた。

この年は「エデンの東」、「理由なき反抗」でスターとなったジェームス・ディーンが登場してきた年であり、ビル・ヘイリーと彼のコメッツの「ロック・アラウンド・ザ・クロック」がテーマ曲になった映画「暴力教室」が公開された年でもあった。〝ロック〟という言葉が初めて使われたのもこの曲である。

あのウエストサイドにたむろするチンピラたちの青春を描いた「ウエスト・サイド・ストーリー」は六一年である。

ぼくは五六年に突然それまで住んでいたO町から逗子へ引っ越すことになり、湘南に群れたアロハ、サングラスのにわか太陽族と日々遭遇するようになるのだが、いまいちなじめずこの実物の不良たちにはとても好感は持てなかった。

ポール・アンカの来日は昭和三十三年。「これがロカビリーの本物だ」というのがキャッチフレーズ。

むしろ平尾昌章、ミッキー・カーチス、山下敬二郎のロカビリー三人男のポマードぴったりのリーゼントスタイルのほうがいさぎよい不良像として受けとめていた。リーゼントスタイルとはもちろん和製英語。長めに伸ばした前髪を高く盛り上げ、同じく長めの横髪をうしろにむけてなぜつけるスタイルである。あの日劇の第一回ウエスタン・カーニバルは、五八年の二月八日に開かれている。

ぼくは自分のこども時代を〝不良〟だったなどとけっして思っていないが、小学生が一人で映画館や喫茶店に入るのは当時禁止されていたことなのだから、そういう意味では〝不良〟といわれても仕方がないのかもしれない。

〝ジャズ〟というのも同じで、中学校時代はもちろん、高校時代になって学校でジャズのバンドを結成しようと

ロカビリー時代はリーゼントが大流行した。

したが、学校側から猛反対をくらった。

このバンド結成は、「軽音楽同好会」という名称で生徒会の承認を得て、高校二年のときにようやくクラブを発足させることができた。〝軽音楽〟とはなんとも情けない名だが、一九五九年（昭和三十四）のことである。

寿屋《ことぶきや》（現サントリー）提供のラジオ番組「ジャズ・アット・ザ・トリス」（文化放送）が始まったのは一九五四年（昭和二十九）だが、公開録音に入場するための往復葉書をせっせと出して、有楽町のヴィデオ・ホールに通ったときは、まだ中学生だった。「トリス・ジャズ・ゲーム」である。司会はロイ・ジェームス。

これもやっぱり〝不良〟の仲間に入ってしまうのだろうか。

評論家の安原顕さんは、ぼくより三歳上だが、同じころ文化放送の「素人ジャズのど自慢」（昭和三十年）に、しばしば出演していたらしい。さすがヤスケンである。

当時人気ナンバーワンだった憧れのバンド、ビッグ・フォー。左から松本英彦、ジョージ・川口、中村八大、小野満。

初めて入った喫茶店で飲んだコーヒーは苦かった

初めて喫茶店に入ったのはたぶん中学二年生の時である。渋谷の「ニューパウリスタ」という喫茶店で、誘ってくれたのは詩人の藤富保男氏であった。このころ藤富氏はまだ二十代だったはず。当時信濃町に住んでおられた詩人、北川冬彦氏宅で詩の集まりのあった、その帰り道である。

藤富氏のお宅は東横線の都立大学駅の近くにあったからいつも渋谷が便利で、初めて居酒屋やバ

ーに連れて行ってくれたのもきっと藤富氏が最初であろう。酒場の名前までは思い出せないが、こちらのぼくの初体験もだから中学時代になるはず。渋谷のガード下の屋台だったり、やき鳥屋だったり、さすがにぼくはアルコールは飲まなかったが、藤富氏は日本酒のコップ酒を凄い勢いで何杯もおかわりして、中学生のぼくを相手に詩の講義を熱心にしてくれた。

以来のお付き合いだから、ざっと数えても五十年、ずっとお世話になりっぱなしである。

性の初体験こそなんとか自己流で済ませたが、大人の世界への仲間入りをずっと善導していただいたのは、ひとえに藤富氏によるものである。有難うございました。いまさらに最敬礼である。

「ニューパウリスタ」は、かつて明治の末の喫茶店文化のはしりの一店だった有名な銀座「カフェ・パウリスタ」のゆかりの店だったのだろうか。元祖は平塚らいてう等の『青踏』の人々が入りびたったカフェだと聞いていたが、「ニューパウリスタ」にはそんな歴史

的片鱗はみじんも感じられなかった。

　ただ飲んだコーヒーは、ブラジルコーヒーだったようで、むやみに濃く苦い味がした。どこでそんな知識を仕入れていたのか、コーヒーには砂糖スプーン二杯までと決めていた。精一杯背のびして大人の振舞いを一生懸命学ぼうとしていたのだろう。ミルクは我慢して入れなかった。

　いま飲みなれているアメリカン・コーヒーの軽さとは比べようもないほど、昔はコーヒーというものは濃く苦く味わい深いもので、それはずっと七〇年代ぐらいまで続いていた。八〇年代になってからなのだろうか、コーヒーがこんなにあれもこれも軽い味になってしまったのは。

　つまりキッサテンという呼び名が少しずつ古めかしいものに受けとめられるようになったころである。いまはもう死語同然である。

　確かめてみたわけではないが、いまでも同伴喫茶というのはあるのだろうか。

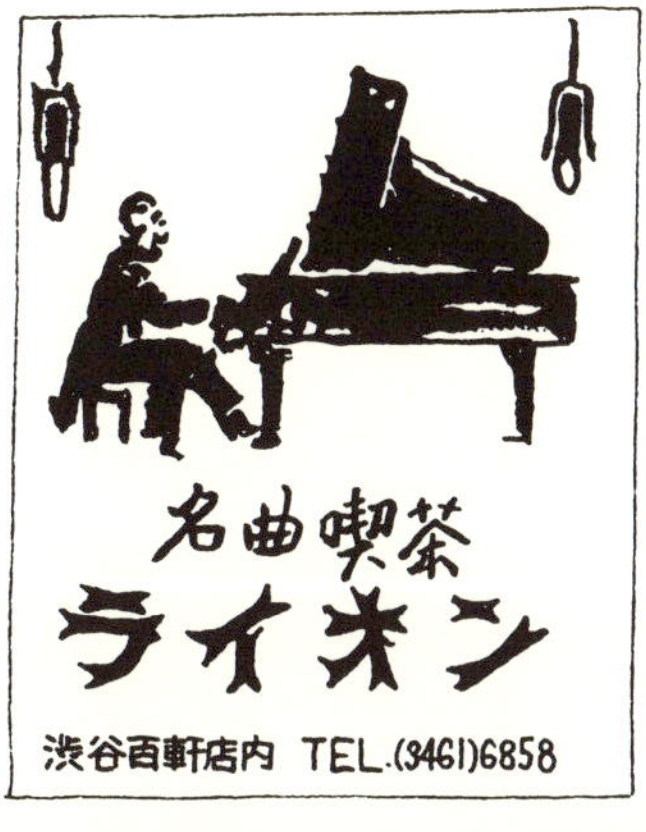

どれも懐かしい喫茶店のマッチラベル。
マッチ・コレクションが大流行していた。

大体二階が「同伴席」となっていて、アベック席つまりカップルでないと入室お断りになっていた。

とうとう入るチャンスを逸してしまったが、ノーパン喫茶も一度行ってみようと思いながらとうとう行かずじまいで終った。

美人喫茶というのも一時流行っていた。こちらのほうは何度も入ったことがある。もちろん大人になってからの話である。

インスタント・コーヒーは、一九五六年（昭和三十一）に初めて輸入が認められたというのだから、ぼくが家で飲めるようになったのは一九六〇年を過ぎたころだろう。ぼくはもう高校生になっている。

それも「ネスカフェ」ではなく、「森永インスタントコーヒー」（昭和三十五年発売）の方が先だった。あの「森永クリープ」と一緒である。「クリープを入れないコーヒーなんて」というコマーシャルが流行ったのは、もっともっとずっと後のことになる。

ネスカフェが初めて国内で生産されたのは、昭和四十一年。マックスウェルのブレンディが発売されたのは昭和五十二年。CMキャラクターはピーター・フォンダだった。

中学卒業後すぐに就職した友だちは夜間高校に通っていた

ぼくの中学時代は、井沢八郎さんの大ヒット曲「ああ上野駅」の時代と重なる。

「集団就職列車」が運行されたのは、昭和二十九年（一九五四）。東北線最後の集団就職列車が中学卒業生を乗せて上野駅に滑り込んだのは、昭和五十年（一九七五）三月二十五日の早朝だったそうである。

夜行列車に乗り、上野駅に着いたのは翌日の午前五時半。駅はまだ薄暗くて「中学を卒業したばかりのまだこどもだ

った自分には、心細くて、迎えに来た会社の人の後をどうにかはぐれずついていくのがやっとこさだった」と、これはたまたまわが家のリフォームの見積りにやって来ていた工務店のHさんの思い出話である。

定年間近のほとんどぼくと同世代の方だった。大工修業が辛くて、田舎へ帰ろうかと上野駅まで何度もやって来た、そうである。

その当時「金の卵」と呼ばれていた集団就職の中学生たちが降り立った「心の駅」の18番ホームが廃止されたというニュースを新聞で知った（一九九九年九月十一日）。様々な思い出の場所もこうして少しずつ確実になくなっていくようだ。昭和三十年当時、中学校を卒業する男女は毎年二百万人ほどいて、そのうちすぐに就職をした人は約四割の八十万人いたそうである。

この時のたくさんの中学生たちのその後の人生は、一人一人様々なドラマがきっとあっただろう。みんなの元気を祈りたい気持ちである。

昭和三十九年に発売された、井沢八郎の「ああ上野駅」は大ヒットした。

集団就職列車には乗っていないが、ぼくの同級生の中にもたくさんの就職組がいた。

仲良しのケンちゃん、ユウちゃんも、電機会社や鉄工所に就職した。いまみんな定年退職してのんびりやっているのだろうか。そういえば年齢をとってからお互いに再会するチャンスが少しずつ減っている。

もっともたまに会うと、懐かしい昔話よりも、病気の話ばっかりするようになったのは五十代を過ぎたころからである。

先日、北茨城の五浦へ旅することになって、何年ぶりという感じで上野駅に出かけ、周辺をグルリと廻《まわ》ってみたが、「ああ上野駅」の面影はほとんどなくなっていた。

あの上野駅のコンコースの正面にあった猪熊弦一郎の「自由」と題された大壁画はいまでも残っているのだろうか。うっかり見忘れてしまったが、今度確認に行こう。

凍りついた雪が列車の屋根についてホームにすべりこんでくると、雪国東北がそのまますべりこんでくるようでいつも旅情を誘われた。

改札のあざやかな切符きりの技は、もう見ることが出来ない。

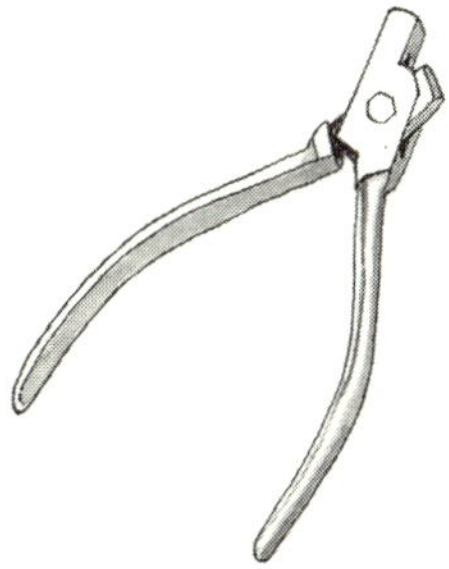

また昭和三十年ごろの上野駅は「家出人のメッカ」ともいわれていた。たくさんのティーンエージャーが補導される様子がよく報道されていたが、あの子たちもいまのぼくらと同い年になっているはず。

鉄工所へ入社したユウちゃんは、夜間高校（定時制高校）へ通っていた。昼間働いて、夜また授業を受けに通学するのだから、さぞかし大変だったろうなといまになって思う。

このごろ夜間中学が話題になることが多いが、当時夜間高校へ通っていた友だちは多かった。昼間のスーツ姿から詰め襟に着がえて通学していく友だちによく道端で出会った。やあ、と気軽に声をかけあっていたが、その友人の人知れぬ苦労にまで思い至れなかった昔の自分が恥ずかしい。

中学の英語の教師だったN先生は、生徒の人望も厚く、卒業文集のアンケートで「尊敬する人」の項に「N先生」と書かれているそのダントツの数の多さにいまさら驚くほどだが、英語の授業の他に

「就職相談」の先生もしていた。

三年生の時の担任の先生だったのでよく覚えているが、ぼくが高校受験の試験の前日から突然鼻血が止まらなくなり、試験日にわざわざ長兄が付き添いにつかねばならないほどひどい状態になってしまった。

とにかく試験を受け、そのまま家に帰り床の中という二日間だったが、夜も更けてからそのN先生がわざわざ自宅へお見舞いに来てくれた。

合格発表の日は、合格が決まると職員室に一人一人報告に行くことになっていたが、その合格を一番喜んでくれたのもN先生であった。

きっと就職の合格を一番喜んでくれたのもN先生だったのだろうと察しがつく。まるで金八先生のようだ。ぼくも卒業文集のアンケートにN先生の名前を記していた。

それにしても肝心の英語の成績が「4」だったとは、いまでも申し訳ないような気がする。

この文句なく人格者のN先生だが、なんともたとえようのない癖というのか仕草というのか、独特の習慣があった。

それは校内でも、あるいは遠足のときなどにも、「みんな全員集合！」という合図に、とっさに親指と人指し指を丸めて口にくわえ、「ピーッ」と指笛を鳴らす。

そしてぼくらはその指笛の合図で犬のようにみんな走ってかけ寄る。これ、一体カッコウがいいのか悪いのか、いまだに判断がつかない。なのにやたらに鮮明に記憶に残っている思い出である。

自然にカールした髪型。ところどころ白くゴマ塩になっていたから、いま考えると五十代前半の年齢になられていたのだろうか。眼尻にシワがいっぱいになった笑顔が懐かしく、思い出すだけで心が暖かくなる先生である。

中学の卒業文集のアンケートで、尊敬する人ナンバーワンだったN先生。

華やかなデコレーション・ケーキに心躍ったクリスマスの夜

昭和三十年代、街には「ジングルベル」や「赤鼻のトナカイ」が流れ、大きなクリスマス・ツリーがデパートやホテルの入口を飾っていた。

いまほど盛大ではないにしても、イルミネーションの装飾に彩られたターミナルや繁華街はクリスマス・ムードで賑《にぎ》わっていた。

サンタクロースが夜、自分の枕もとに置いていってくれたクリスマス・プレゼントに狂喜した時代はほんの一瞬で、半信半疑のまま、夜中にそっとプレゼントを置いていく父親の後ろ姿を見つけて、よ

大きな丸いデコレーション・ケーキ。日本のクリスマス・デコレーション・ケーキの原型をつくったのは、昭和二十五年ごろの不二家だそうである。

うやく合点がいった。

銀色に包装された長靴に、お菓子がいっぱい詰めこまれてあるあのブーツ（クリスマス・ブーツというらしい）はいまも健在だが、ぼくの小学生時代にもすでにあったクリスマス・プレゼントの歴史的定番である。

いまでもあの銀色のブーツがお店で売られているのを見ると、たちまち自分のこども時代がよみがえる。ブーツの赤い縁どり、かぶせられたネットの型まで、まったく変わりがないのがうれしい。

実はブーツの中はお菓子ギッシリではなく、底の方が上げ底になっているのだが、あれもいまでも同じなのだろうか。

クリスマス・ケーキは、たぶん長姉がいつも買って帰ってくれたはずである。

父親はというと、毎年この夜は、頭にトンガリ帽子、チョビ髭のついたセルロイドの眼鏡、首にレイをぶらさげ、なんとも珍妙な格好をして千鳥足で帰ってきた。

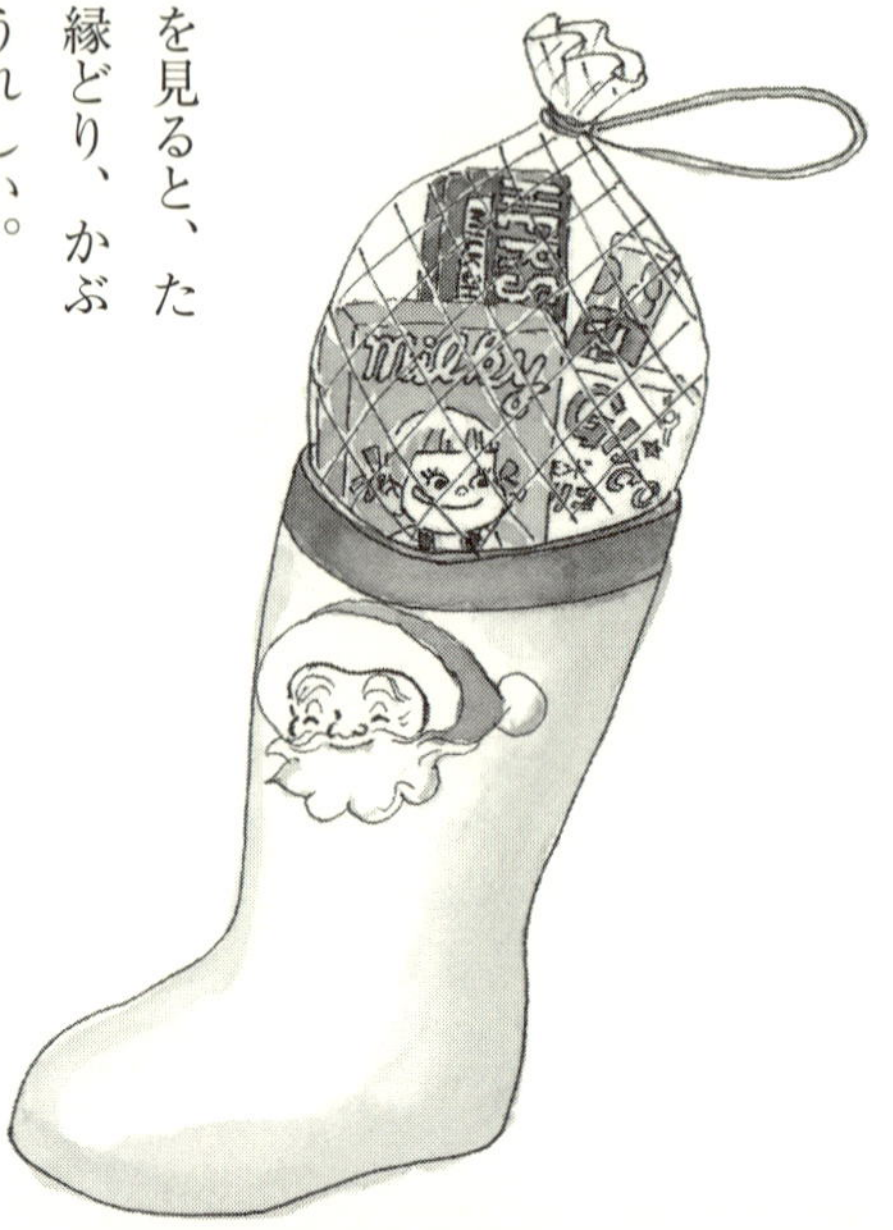

クリスマス・プレゼントの定番、クリスマス・ブーツ。これも日本のオリジナルで、海外にはないものらしい。始まりは昭和二十三年ごろというから、歴史の古いクリスマス商品である。不二家のアイドル、ペコちゃんが登場したのは昭和二十五年。

クラブ、バー、キャバレーなどがクリスマス券というパーティー券を売り出し、クリスマス用に鶏の手羽焼き（七面鳥の代り）、安物のシャンパン、カクテルなどに、なぜかトンガリ帽子やらサンタの髭などの、父親がそっくりそのまま帰宅してきたような衣装を、ワンセットにして売っていた時代である。

銀座通りをそんなサラリーマンの男たちが歩道からあふれ、車道まで一杯に埋めつくしている報道写真を見たことがあるが、わが家の父親もこの中の一人だったのは間違いない。

そうでなくても日頃から家の中のことは、ほとんど長姉が取りしきり、いってみれば父親役をいつもこなしていた。確かにクリスマス・ケーキを持っていそいそ家に帰る父親の姿など、いまでもとても想像できない。

姉が手にして帰ってきたクリスマス・ケーキは、あの丸い典型的デコレーション・ケーキである。

有名な老舗製菓会社はもとより、町の小さな洋菓子店からパン屋さんまで、日本中がクリスマス・デコレーション・ケーキをつくり出すようになったのは昭和三十年代になってからだといわれているが、まさにその時代のことである。しかし、当時は決して安い買い物ではなかったはずだ。年に一度のことで姉が無理をして大奮発をしてくれていたのだろう。

リボンをかけた四角い箱のフタをとると、真っ白に厚く塗られたクリームがのった丸い大きなケーキが出てくる。この瞬間は、こどもには圧倒的な歓喜の一瞬であった。この強烈な興奮の大きさも、いまのこどもたちにはけっして伝えることはできないだろうな。

高校時代にF社の工場でクリスマス・ケーキづくりのアルバイトをしたことがある。ほとんど徹夜作業の深夜のケーキづくりだったが、その労働のきつさよりも工場中にあふれる甘い生のバニラクリームの香りとラム酒の匂いが鼻について、そのことのほうがしんどかった。

あのケーキの箱を開いたときの甘いバタ臭い、バニラの香りは、甘味に飢えていた当時の少年にとって、けっしてオーバーではなく、夢のような感動を与えてくれたのである。フルヤの「ウインター・

雪山スキーのパッケージと白いバニラ味が新鮮だった、ウインター・キャラメル。

キャラメル」を初めて口に入れたときの喜びとほとんど同じだ。明治のデッカイ「サイコロキャラメル」を口いっぱいにほおばったときの幸せ感もそうだ。

ところで当時、ケーキを食べ終ったあと、家族で一体何をして遊んでいたのだろう。

クリスマスだからといって特別のパーティー料理を食べたという記憶はない。きっとさっさと茶ぶ台の上をかたづけてトランプ遊びを始めていたはずである。

兄弟が六人もいるのだから、トランプ遊びをするには格好の人数がいつでもそろう。だから夜になると、暇さえあればトランプ・ゲームをしていた。兄弟でこたつでトランプ遊び、これがこども時代の一番幸せな至福の時間だったのかもしれない。

そして夜も更けたころ、顔を真っ赤にした泥酔の、トンガリ帽子の父親のご帰還、という次第になる。

とすると、深夜にぼくの枕元にクリスマス・ブーツのお菓子や玩具をそっと置いてくれたサンタクロースは、もしかすると母親か姉

この小さな置きごたつ一つで家族みんなが暖まった。こたつの中の一家だんらんの力は大きい。

だったのかもしれない。

弟のブリキ製の大きな機関車は覚えているのだが、さてぼくは何をプレゼントされたのか、残念ながらそこまで思い出せない。

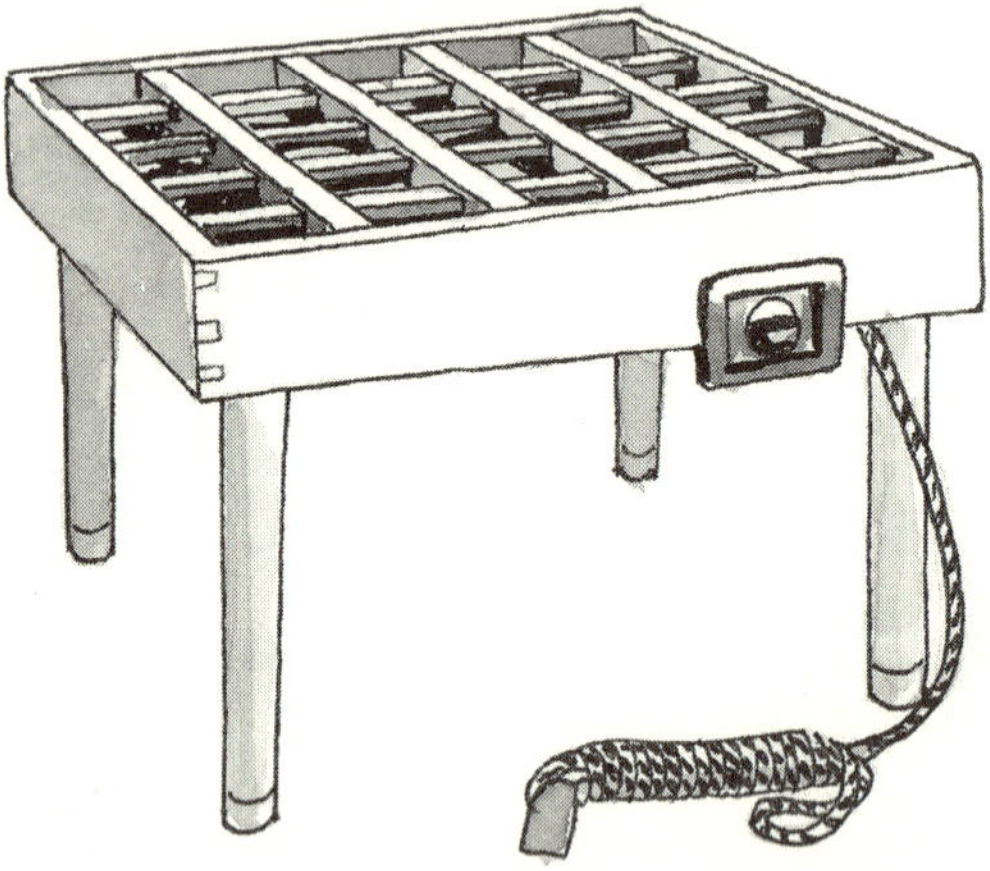

上がやぐら式こたつ（昭和三十二年）、下が赤外線健康こたつ（昭和三十五年）。

朝日ソノラマ
(ドラマ)なんでもやるよ6回戦
ソノシート
まんが
おそ松くん

怪獣王 ゴジラ

Ⅲ章 流行

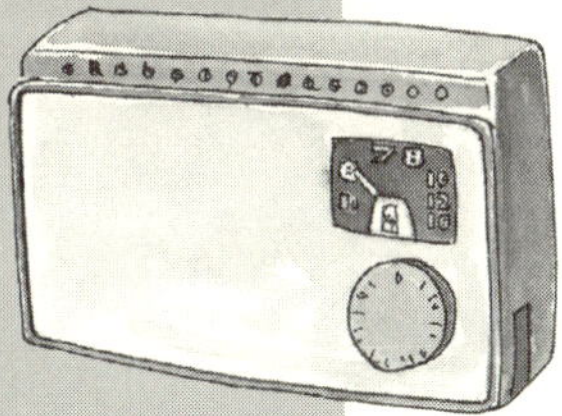

総天然色
大学の若大将
監督 杉江敏男
魅力加山雄三の痛快カレッジ・ライフ!!

伊東に行くならハトヤ……のＣＭは昭和三十六年に始まった

昭和二十八年（一九五三）、民放として最初のテレビ放送が日本テレビによって開始された。

しかしわが家にはまだテレビ受像機はない。とてもとても高嶺《たかね》の花で、一般庶民の家にテレビが置かれるようになったのは、ずっと後のことである。

そこで登場したのが「街頭テレビ」。

ぼくのテレビの記憶の最初が、この街頭テレビである。わが家近くの諏訪神社の横の公園に、突然街頭テレビが建った。

「伊東に行くならハトヤ、電話はヨイフロ」の作詞は野坂昭如さんだった。

昭和二十九年（一九五四）二月十九日のことである。

なぜこんなに詳細にわかるのかというと、この日、日本プロレスリング協会の興行による史上初のプロレス国際試合が、東京の蔵前国技館で行われたからである。

そしてこれを街頭テレビが生中継したのである。二月の寒い夜だというのに、公園は黒山の人だかりとなり、その中にオーバーをしっかり着こみマフラーを巻いたぼくもいた。

闘うのは、力道山、木村政彦の日本側と、アメリカのプロレスラー、ベンとマイクのシャープ兄弟のタッグ・マッチ。

プロレス・ブームの始まりである。

力道山の空手チョップは、もう翌日の小学校で大流行していた。力道山こそ街頭テレビが生んだ大スターだった。

日本でのテレビ時代をかなり早めることになったのは〝ミッチーブーム〟のおかげだ、とよくいわれる。

昭和三十三年（一九五八）五月、ＮＨＫのテレビ受信契約台数は

街頭テレビが生んだ大スター、力道山。力道山のプロレス中継には、老若男女を問わず、みんなテレビの前にクギづけになった。

ようやく百万台を超えたところだったが、それから一年足らず、皇太子結婚式直前の昭和三十四年（一九五九）四月三日には、なんと二百万台を突破したのである。

　わが家にもようやくテレビがやって来た年である。


　それでは自分が記憶している一番古いCMソングは何だろうか？　とふと考えてみた。

「カステラ一番、電話は二番」の文明堂は、かなり古い。調べてみたら昭和二十七年とあるから、民放ラジオ放送開始（昭和二十六年）の翌年である。これがぼくの一番古いCMの記憶かもしれない。

「ワッ、ワッ、ワー、ワが三つ」のミツワせっけんが昭和二十九年である。これもかなり古い。この作詞・作曲者が三木鶏《とり》郎《ろう》である、というのも有名な話である。あの「ジンジン仁丹」「くしゃみ三回」「明るいナショナル」（昭和三十一年）も。

三木鶏郎と聞いてすぐに「冗談音楽」を思い浮かべられる世代は、

皇太子ご成婚。テレビでパレードの中継を見た人は、全国で千五百万人にも達した。

いま何歳ぐらいになっているのだろうか。正確には「日曜娯楽版」である。

もちろんテレビではなく、NHKのラジオ番組である。ぼくはこの「冗談音楽」のファンだった。

〽モシモシ　アノネ　アノネ　アノネ
コレカラハジマル　ジョーダンオンガク
というのがオープニングの曲。「ロンドン・ブリッジが落っこちる」のふしで歌う。

どうだろうか？　これで思い出してもらえたろうか。昭和二十九年（一九五四）六月十三日の放送を最後に姿を消した番組である。鋭い風刺とユーモアで、その時代の権力、政治家たちを強烈に皮肉って、人気があった。

当時高校生の永六輔さんがコントをさかんに投書していた、というのも有名な話である。

出演者は、河井坊茶《かわいぼっちゃ》、三木のり平、小野田勇、千葉信男、丹下キヨ子、柳沢真一ら。中村メイコの歌「田舎のバスはおんぼろグルマ……」も、この番組の曲だったはず。

「ぼくは特急の機関士で、可愛い娘が駅ごとにいるけど3分停車では、キスする暇さえありません……ウーウーポッポ」もそうだ。

　放送中止になった原因は、冗談が相当にキツかったから。ズバリ政治家の圧力である。

「伊東に行くならハトヤ、電話はヨイフロ」は、昭和三十六年で野坂昭如・作詞であるが、この曲もぼくにはどこか三木鶏郎風に聞こえてくる。

「プールサイドに夏が来りゃ……ワンサカ、ワンサカ」（昭和四十年）のレナウンの「ワンサカ娘」の作曲は小林亜星だが、こちらもどこかトリロー風だ。「イエイエ」のほうは昭和四十二年。

　後々のコマーシャルソングの歴史に、三木鶏郎の冗談音楽の伝統

ＮＨＫ「日曜娯楽版」のメンバーたち。最後尾が三木鶏郎。この番組から育ったタレントは、三木のり平、河井坊茶、丹下キヨ子、柳沢真一ら数多い。

とその影響はいまも大きく生きているように思う。

そうそう、この「日曜娯楽版」に「冗談スリラー」というコーナーがあった。まず三木のり平の「冗談スリラー」と恐ろし気なナレーション、コッコッコッという人の足音、そしてギイーッというドアを開ける音、突然「ギャーッ!」という女の悲鳴。これで終り。

とにかくおシャレな番組だった。その三木のり平の「江戸むらさき」のCMもずいぶんと古くから続いている。昭和三十三年の「忠治御用だ」が、どうやら元祖のようだから、もう五十年近く続いているCMということになる（いまのCMの声は、息子の三木のり一が引き継いでいる）。

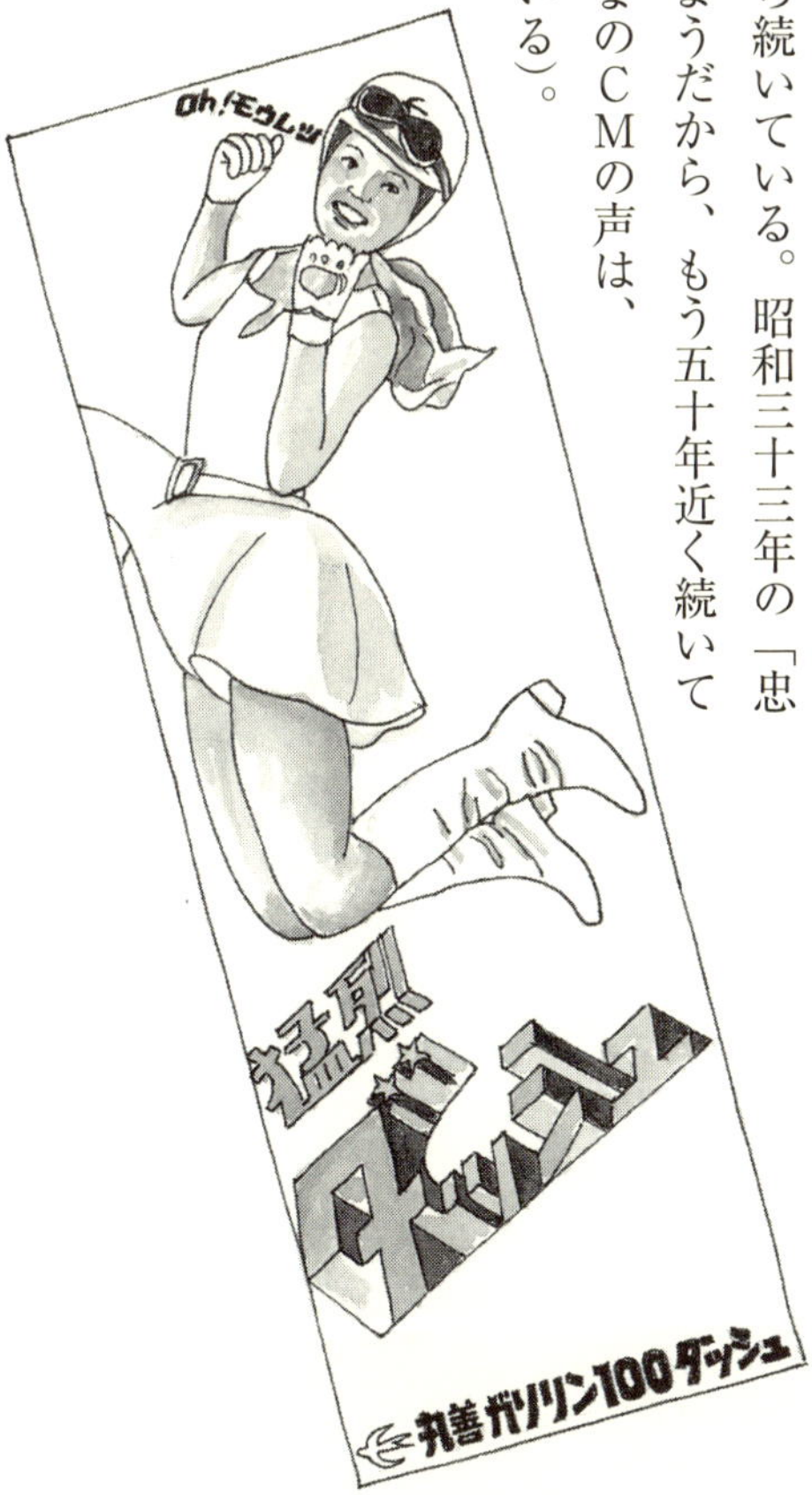

白いミニスカートが風にひるがえる「Oh! モーレツ!」の小川ローザ。昭和四十四年、丸善石油のCMポスター。

「てなもんや」から「シャボン玉」へ。至福のひと時だった日曜夜六時台

藤田まことの〝あんかけの時次郎〟と、白木みのるの〝珍念〟のコンビの珍道中「てなもんや三度笠」は、昭和三十七年（一九六二）のスタート。大阪の喜劇人総出演のお笑いがやたらに新鮮だった。

ぼくらはＴＢＳで見ていたが、制作は大阪の朝日放送。日曜日の夜六時〜六時三十分放送だから、「てなもんや三度笠」が終ると、すぐさま日本テレビにチャンネルを切りかえ、「シャボン玉ホリデー」を見る、というフルコースだった人はきっと数多いと思う。い

「てなもんや三度笠」。左から藤田まこと、白木みのる、香山武彦。

やあ、お笑い好きには至福の一時間だった。

なにしろ視聴率六〇パーセントというのだから、日本中がこの関西コメディーに夢中になっていた、といっても過言じゃない。まさに「あたりまえだのクラッカー」の面白さである。

のちに、ぼくは雑誌記者としてスタジオに取材に出かけ、ディレクターの澤田隆治氏にもお目にかかり、憧れの出演者たちの録画風景をたっぷりと見物させていただいたことがある。まるで夢のようだった。

原作・脚本は、香川登志緒。この香川さんにも新宿の酒場で一夜ご一緒したことがある。いやはや、こちらも感動的だった。

香川さんと演出の澤田さんのコンビは、日曜日のお昼の「スチャラカ社員」（昭和三十六年〜四十二年）のコンビでもあった。

こちらは上方漫才出身のタレントたちの、サラリーマン・コメディである。

ミヤコ蝶々、横山エンタツ、笑福亭松之助、中田ダイマル・ラケット。藤田まことや白木みのるも出演していた。あの藤純子さんも!!

ミヤコ蝶々。昭和三十八年から始まった、南都雄二との「夫婦善哉」は、とにかく長寿番組だった。数えると二十年と三カ月になるそうだ。

である。

「番頭はんと丁稚《でっち》どん」「とんま天狗」。あるいは「パンチDEデート」「ヤングおー！おー！」などの関西風バラエティーに、ぼくらが夢中になる最初のきっかけは「てなもんや三度笠」だった、といってもいいはずである。

関西弁がこんなに楽しいもの、とわかったのもそうである。横山やすし・西川きよし、かしまし娘、みんなよく笑った。

「シャボン玉ホリデー」のほうは、ザ・ピーナッツが司会して、クレージーキャッツが出ていた。昭和三十六年六月にスタートして、昭和四十七年十月に終る。ざっと十一年、五百回を超えている。

「お呼びでございますか？……」「お呼びでな

ザ・ピーナッツの「シャボン玉ホリデー」。中央がハナ肇。エンディングで歌う曲は「スターダスト」。

い？　こりゃまた失礼しました！」の植木等のギャグが秀逸だった。

　チョビヒゲ、丸メガネ、カンカン帽にステテコ、下駄ばきというスタイルで「無責任一代男」を歌っていた。「こつこつやる奴は、ごくろうさん」という歌詞はいまでも凄い台詞だなと思う。

　ナンセンス・ギャグとコント、そしてザ・ピーナッツの歌とクレージーキャッツのジャズ。三十分があっという間に終ってしまうような、ショウ番組の傑作であった。

　実は、ぼくはこの番組に出演する以前のクレージーキャッツを銀座のジャズ喫茶「美松」や、新宿の「ACB《アシベ》」で何度も見ている（ドリフターズは「不二家ミュージックサロン」で）。

　洗面器で頭をなぐり合うギャグも、ハナ肇のモダーンなドラムソロも、谷啓のトロンボーンも大

クレージーキャッツはギャグも一流だが、その演奏も一流だった。

好きだった。

　新宿コマ劇場、有楽町日劇などの「ディス・イズ・ジャズ」というようなジャズ・ショウにも必ず登場してきて、ギャグ抜きの演奏もとても魅力的なバンドであった。一九五〇年代後半、つまり昭和三十年代の初めのころである。

「スイスイ、スーダララッタ」の「スーダラ節」（青島幸男・作詞、萩原哲晶・作曲）は、昭和三十六年（一九六一）。六〇年安保反対闘争があった翌年のヒット曲である。「わかっちゃいるけどやめられない」は流行語になった。

　東宝の映画「ニッポン無責任時代」は昭和三十七年（一九六二）に大ヒット。シリーズ化する。

　クレージーが全員そろっての最後の舞台は、一九七九年に行った結成二十五周年記念「これで日本も安心だ！」の日劇での公演であった。

「スーダラ節」が流行ったのは、60年安保反対闘争の翌年だった。

そうそう「シャボン玉ホリデー」の前に、フジテレビの「おとなの漫画」（昭和三十四年）が、クレージーのテレビ・デビューである。構成は青島幸男。たった五分間（日曜日をのぞいて毎日）のニュース・コントだったが、これも面白かった!!　ただしお昼の十二時五十五分からの放送なので、なかなか見ることが出来なかったのがかえすがえすも残念だった。

「サラリーマンは気楽な稼業ときたもんだ」「ハイそれまでヨ」「そのうちなんとかなるだろう」「ゴマすれホイホイ」等々、歌詞がみんな流行語になってしまった植木等のヒット曲。

おそ松くん

ぼくが赤塚不二夫さんに初めてお目にかかったのは昭和四十四年（一九六九）。日本テレビの「歌う王冠」という歌謡番組をさらにパワーアップさせようというので、司会者の水前寺清子の相方として、赤塚さんに登場してもらえないだろうか、というお願いに出かけた時である。

ディレクターの花見赫氏と構成者のぼく、そしてクラウンレコードの担当者で、フジオプロのスタジオを訪れた。

結果オーケーがでて、そのタイトルは「チータとバカボン」と決まった。「おそ松くん」に代わって「天才バカボン」の時代になっていたころである。

この歌番組はおよそ二年ほど続いたので、赤塚さんとも月に二回（一回で二週分の公開録音をしていた）、会場となっていたサンケイホールでお目にかかるようになった（そして、これを機会に後々までずっとお世話に

大ヒットした「ニャロメのうた」（B面「ケムンパスでやんす」）の作詞には、ぼくも少しだけ協力したことがある。

なることになるのだが)。

「おそ松くん」は、昭和四十年に第十回小学館漫画賞を受賞した、これまでのギャグ漫画の笑いを一変させた家庭ギャグ漫画の傑作である。ギャグ漫画の記念碑的作品といってもよい。六つ子の兄弟、チビ太、イヤミ、デカパン、ハタ坊と、そのナンセンス性の強いサブ・キャラクターたちが圧倒的な存在感を見せつけていた。

おフランスかぶれのイヤミ、なぜか縞《しま》のパンツ一枚のデカパン、ツルツル石頭の放浪児チビ太……。イヤミの口癖「シェー」は、ボディ・アクションつきで大流行した。

「少年サンデー」に昭和三十七年の四月から連載開始。昭和四十一年二月五日には、NET(現テレビ朝日)でテレビアニメ化もされている(四十二年三月二十五日終了)。

赤塚さんご自身が、チビ太は白木みのる、イヤミが財津一郎をイメージして出来たと語っている。実はあの「てなもんや三度笠」がヒントなのである。

さて六つ子の名前は、おそ松、カラ松、トド松、一松、十四松、チョロ松。いまでも全部覚えていたら絶対みんなに自慢していいんじゃないかな。

ニュースもあれば短編アニメも。映画館は娯楽の殿堂だった

映画の本編が始まる前に必ず「ニュース映画」というものがあった。

およそ十分ぐらいの短い海外のニュースをダイジェストで紹介するパラマウントの「ムービィントンニュース」（だったと思う）のアナウンスをする竹脇昌作さんのマダム・キラーと呼ばれた美声がいまでも耳にこびりつくように残っている。

感情移入をいっさいしないクールで硬質な声が魅力的であった。のちにこの竹脇昌作さんは、俳優の竹脇無我さんの父であることを知ったが、そういえばどことなく声が似ているような気もした。

日本の新聞社のニュース映画ももちろんあったが、ぼくが見る三番館では、もはやニュースとはいえないとっくに遅れた情報になってしまっている。しかしそれでもテレビのない時代に、日本の各地の時の話題をドキュメンタリーで見られるのは楽しいものだった。いまではまるで嘘のように感じられるかもしれないが、この「ニュース映画」ばっかりを上映する「ニュース映画館」というのさえあった。

入場料が極端に安かった（たぶん十円ぐらいだった）のと、ニュースの合間に、なんの解説もなくアメリカの音楽だけのカラー短編映画が突然上映されるので、これが見たくて何度も入った覚えがある。

せいぜい十分〜十五分ぐらいのショウ番組で、ビッグバンドと女性歌手、あるいはダンスという、いまとなってはバンドの名前も女

映画の看板がリアルな西洋画風になったのは大正六年からだそうである。銭湯のペンキ画の富士山も同じころに始まった。どうりでいつ見ても懐かしい気持ちになるはずである。

性歌手の名もまったく記憶にないが、華やかなダンスシーンや演奏シーンが目に焼きついている。

ぼくが初めてジュディ・ガーランドの「オズの魔法使い」を見たのも、このころのはずである（制作されたのは一九三九年だが、日本で封切られたのは一九五五年）。

モノクロとカラーを使い分けた映像と、十六歳のジュディ・ガーランドが歌う「オーバー・ザ・レインボウ」（虹の彼方に）が実に良かった。

映画館によっては「ニュース映画」「予告編」の他に、五分〜十分ほどのアニメーション映画が上映されていたこともあった（ミッキーマウスやドナルド・ダックのものがほとんどだった）。それまで紙芝居や幻燈で喜んでいたこどもにとって、カラーのアニメーションの面白さはもはや驚異であり、たちまちとりことなった。

それからディズニーの「白雪姫」（昭和二十五年）「バンビ」（昭和二十六年）「ピノキオ」（昭和二十七年）「シンデレラ姫」「不思議

こどもたちが憧れた、ディズニータイムのシンデレラ。服部時計店から昭和三十六年発売。

の国のアリス」（昭和二十八年）「ダンボ」「こぐま物語」（昭和二十九年）「ピーターパン」「ファンタジア」（昭和三十年）「わんわん物語」（昭和三十一年）「眠れる森の美女」（昭和三十五年）と、ディズニーアニメが次々と公開されるようになる。

小学校に映画鑑賞という時間がわざわざもうけられ、早朝、近くの映画館へゾロゾロと並んで出かけて見た覚えのある人も多いのではないだろうか。

ぼくは中でも「ファンタジア」に特別しびれた。

バッハの「トッカータとフーガ　ニ短調」で始まり、チャイコフスキーの「くるみ割り人形」、ポール・デュカス「魔法使いの弟子」、ストラヴィンスキー「春の祭典」、ベートーヴェン「交響曲第6番田園」、イタリアのアミルカレ・ポンキエルリ「時の踊り」、ムソルグスキー「禿山《はげやま》の一夜」、シューベルトの「アヴェ・マリア」で終る、ディズニーアニメのキャラクターをフルに使った、ファンタジー・コンサート映画であった。

映像もそうだが、音響も凄かった。

蓄音機の鉄針。先が減ってくると、その度に一回一回取りかえなくてはならなかった。

当時はまだSPレコード全盛の時代で、ようやくLPレコードが出だしたころなのに、「ファンタジア」のサウンドトラックは9チャンネルのサラウンド超ステレオ録音なのである。しかも「ファンタジア」がつくられたのは一九四〇年だというから驚く（日本公開は一九五五年九月二十三日）。

日本のディズニーランドが、いつでも超満員になるのは、こうした歴史をふり返ればもはやトーゼンというしかないだろう。ぼくはこの「ファンタジア」のLDを購入しているので、いまでも時々懐かしくなり、飽きることなく見ている。

わが家にあったハンドル式の蓄音機は、これとまったく同じものだった。これで「東京音頭」も「ヤマシタケータロー」も「ジャズ」も聴いていた。

街を破壊するゴジラは何に怒っていたのだろうか

昭和二十九年（一九五四）十一月三日が第一作「ゴジラ」の公開日だそうである。

その日に真っ先に映画館にかけつけられたのかどうかは覚えていないが、映画館の切符売り場の窓口で一悶着があった。

ぼくがどう見ても小学生のは

「水爆大怪獣映画」とキャッチフレーズされた「ゴジラ」は、そのドキュメンタリー・タッチで放射能の恐さをぼくらに教えてくれた。

ずがなく、こども料金ではなく中学生料金を払え、というのである。でなければ身分証明書を出せという意地悪をされた。

たしかにぼくの身長は、当時の小学生の平均身長よりは大きかったかもしれないし、声変わりしていて可愛いこどもの声ではなかったのかもしれない。しかし、それにしても小学校に生徒手帳のようなものがあるわけがないだろう、一体どうすればよいというのか、とこちらもいい返すと、やがて不承不承という感じで切符売場の女性は、ようやくこども料金の切符をガラス窓の下から出してきた。

というような経緯があったので、ことさらこの初代「ゴジラ」映画には思い入れが深い。

第二作「ゴジラの逆襲」の封切りは、昭和三十年四月二十日だから、ぼくはもう中学生になっている。このときどうだったのかは覚えていない。

ゴジラ映画にかぎってのことだったのだろうか、小学生と中学生で入場料が違うなんて。というより、中学生からはもう一律「大人」料金あつかいになっていたのだろうか。

じゃあ「学割」というのはまだなかったのか？『戦後値段史年表』（朝日文庫）には、映画の入場料は昭和二十九年、百円としかない。こども料金にはまったくふれられていないのである。『値段が語る、僕たちの昭和史』（高橋孝輝／主婦の友社）によれば、昭和三十三年（一九五八）当時の映画館入場料は、百五十円だった。ただし「これは東京での封切り館の窓口価格」とある。ここでもこども料金は不明のままである。

だいたい普段封切り館に入ることは滅多になく、二番館、三番館の三本立て映画ばかり見ていたことも時代だから、よほど封切りの「ゴジラ」を早く見たかったのだろう。

ゴジラが上陸するのが品川の八ツ山橋の鉄橋だったのにも感動した。そこからゴジラは列車を噛んで、銀座周辺、日劇、国会議事堂を破壊していく。

みんな自分が勝手知ったる地域をゴジラが次々に破壊していく姿を、たぶんこどものぼくは「カッコいい!!」と見ていたはずである。

でも、なぜそう思ったのだろう。

先着百名様にだけ配られたゴジラバッジ。わが家のささやかな貴重品である。

二作目の「ゴジラの逆襲」は、大阪の市街であり大阪城が破壊されていたが、いまいちピンとこなかったのは、やっぱり自分が見知ったところだからこそ破壊ぶりがリアルに映るのであって、そうでないところは、大阪もニューヨークもたいした変わりはなく、同じようにしか受けとめられないのだろう。

また第一作の「ゴジラ」がつくられた昭和二十九年とは、三月に南太平洋・ビキニ環礁付近を航行していた第五福竜丸がアメリカの水爆実験に遭い、被ばくした年だったので、恐怖感も余計リアルに受けとめられたのかもしれない。「ビキニ・マグロ」で日本は騒然となっていた。

東京タワーが完成したのは昭和三十三年。「モスラ」も「ガメラ」も「キングコングの逆襲」も、そろってこの東京タワーを破壊する。

太古の眠りを原水爆実験によって目覚めさせられたゴジラは、ずっと人間に怒っているのだと思っていた。ゴジラがなぜ暴れるのか、日本列島を破壊しまくるのかは、映画では何も語られていなかったのである。

しかしその破壊シーンは、何かもの哀しいシーンのようにも見えていたと思う。科学兵器オキシジェン・デストロイヤーでゴジラが消滅させられていくシーンが、どこか哀しい最後として見えたように。

「ゴジラ」が少しずつお子様向けになって、初期のゴジラの迫力は失われるようになってしまったが、それでもぼくは小さな

右のガメラ映画と同じく、昭和四十年暮れに公開された。

息子の付き添いという形で見つづけ、こどもがもう大人になってしまったいまも、ゴジラ映画は必ず見に出かけて行く。

わが家のガラスのショーケースいっぱいに、ゴジラのフィギュアが飾られてある。三十センチもの大きさのゴジラから、小さな五センチほどのものまで、およそ五十〜六十体以上はあるだろうか。

キンゴジもモスゴジも、メカゴジラも、アンギラスはもちろん、モスラもラドンも、キングギドラ、バラゴン、大映の「ガメラ」も。

それからゴジラの音楽を作曲していた伊福部昭さんのファンになり、レコード、CD、これも全曲コレクションしている。

しかし最近になってそろそろゴジラも、太古の眠りにつかせてあげたいと思うようになったのは、こちらもそれだけ年齢をとって、くたびれてきたからなのかもしれない。

教師が嫌がるマンボやジャズが大好きだった

中学一年の暮れに映画「グレン・ミラー物語」を見た。当時すでにチャーリー・パーカーやディジイ・ガレスピイのビ・バップをＳＰレコードで何度も聴いていたので、グレン・ミラー・サウンドにとくに感激はなかったが、ミュージシャンたちの演奏スタイルには憧れた。

　翌朝、学校の音楽室に駆けつけ、すぐさまブラスバンドに入部申しこみをした。頭にパーマをかけたモダンなＦ先生は、「あっそう」といって、それだけで入部オーケーになった。

グレン・ミラーを演じたのは、ジェームス・スチュワート。妻役のジェーン・アリスンも素敵だった。

さっそく音楽室の後ろにあった楽器棚から、ぼくはシルバーのアルト・サキソフォンを取り出し、一緒に入った親友のズタは金色のトランペットを選んだ。ズタは小学校のハーモニカ・木琴のブラスバンドでも一緒だった仲良しである。

それから昼休みになると毎日、音楽室にズタと二人で入りびたるようになった。

どうにかドレミファが吹けるようになってくると、「ジャズ・ヒット・パレード」という楽譜集（たぶんシンコーのだったと思う）を一冊、なけなしの小遣いを貯めて買ってきて、練習をした。

ズタは譜面を読みとるのが早いが、ぼくはなかなか上達せず、楽譜の上に「ド」「レ」「ミ」といちいち一つずつ片仮名をあらかじめふってからでないと吹けなかった。

当時の「ジャズ」という言葉は、いわゆるアメリカのジャズという意味だけではなく、ポピュラー音楽一般をまとめてそう呼んでいたので、映画音楽、ハワイアン、ルンバ、マンボ、シャンソン、タンゴ、ウエスタン、カンツォーネ、なんでもありの「ジャズ・ヒット・パレード」であった。

ただし「煙が目にしみる」や「センチメンタル・ジャーニー」「ジャニー・ギター」「ラヴィアンローズ」「ホワイト・クリスマス」などなどの曲を吹いているぶんには、何の問題もなかったが、ズタがペレス・プラードのマンボ「セレソ・ローサ」を吹いていると、血相を変えた、もう一人の女性音楽教師Y先生が音楽室に飛びこんできて、「ここは学校なんですよ！」と怒鳴られ、あえなく昼休みの音楽練習は以降中止させられてしまった。

マンボが流行ったのも、まさにこの頃で、細身のマンボ・ズボンが流行し、「アーッ」「ウーッ」とうなりながら踊るのがカッコ良かったのだが、どう考えても当時の感覚では「不良」の音楽と認識されていて、大方の大人には嫌われていた。

しかし、これはマンボにかぎった話ではなく、戦前の「敵性音楽」として、ジャズおよび西洋音楽の大半が禁じられていた名残りというもので、まして中学校では「ジャズ」や「ポップス」の話を教室でするだけで即「不良」のレッテルを貼られた。

トランペットを持った少年ならみんな憧れた、キング・オブ・ジャズ、ルイ・アームストロング。最初の来日は、昭和二十八年十二月。

いまでも学校の音楽は「良い音楽」と「悪い音楽」とにすぐ選り分けるが、昔はこの分別がとくに厳しかった。

こどもが流行歌をちょっと口ずさんだりするのも嫌がり、それも「青い山脈」や「丘は花ざかり」ならまだしも、「トンコ節」や「ゲイシャ・ワルツ」は放送禁止曲に指定されるほどの歌謡曲であったから、これを人前で歌うなど、とても許されることではなかった。

美空ひばりが「こどもらしくない」と世の大人たちに非難されていたのもこのころである。しかし、こどもは唱歌よりも歌謡曲のほうがはるかに好きなのだ。

ぼくの父親はあまりそういうことで文句をつけたりするようなタイプではなかったが、一度、町内の夏祭りでのど自慢大会があり、景品欲しさに出演して春日八郎の「お富さん」を歌ってウケをねらい、後でそれを近所の人づてで聞いた母親には怒られた。神社ののど自慢大会では、狙いどおり大ウケしたが、さて、あの時、それでどんな賞品をもらったのだろうか、ここのところが思い出せない。

文部省唱歌はまだしも、あの「うたごえ運動」的な「良い音楽」

「丘のホテルの赤い灯《ひ》も……」を歌う美空ひばり。「悲しき口笛」は四十五万枚の大ヒット曲になった（昭和二十四年）。美空ひばり十二歳。

は、なぜかこどもの頃から苦手で、大人になって会社の同僚のカメラマンの山男に「うたごえ喫茶」に誘われたときは閉口した。

雪の谷川岳へは何度も登ったし、楽しかったが、夜行列車に乗る前に必ず新宿の「灯《ともしび》」へ連れて行かれ、テーブルに置いてある赤い小さな歌集を開いて「カチューシャ」や「トロイカ」を一緒に歌わされた。

登山は楽しいがアコーディオンの伴奏で「雪山讃歌」「山男の歌」は、少し恥ずかしい。あれはフォークダンスの照れ臭いのによく似ている。だったら岡晴夫の「憧れのハワイ航路」を一人で絶叫して歌ったほうがはるかに気持ちよく楽しい。あるいは股旅・三度笠ものならぼくはいまでも大ファンである。これはどう

うたごえ喫茶。昭和二十九年、東京・新宿に第一号店「灯」が開店した。

いう性格からきたのだろう。ジャズもそうだが、少し頽廃《たいはい》的で不健全なところのあるものが昔からぼくのお好みなのである。

中学時代の音楽の授業は一度でも楽しかったという思い出はない。しかし三年の成績表では「4」であった。いや一年の成績表では、もっと細かく学期ごとに「表現」の項目が「3」「3」「4」、「鑑賞」が「3」「4」「3」、「理解」が「3」「4」「4」となっていた。「理解」というのはペーパーテストの結果がすべてなのだろうか。では「鑑賞」というのは、レコード鑑賞のことか。しかしこれに評価をつけるのは難しそうだから、きっと授業中の態度がよほど悪かったということか。では「表現」の「3」は歌唱力の判定なのだろうか。中学の授業ではハーモニカを吹いたり、木琴を叩いた覚えもないし、ピアノを弾かされるということはまずありえない。「3」はつまりぼくが音痴ギリギリだったという証明のようである。

それからブラスバンド部といってもコンサートを開けるほど楽器がそろっているわけでもなく、なにかの記念日の朝礼で、校歌の伴

うたごえ喫茶「灯」の歌集。「うたごえ運動」が日本中に広がったのは、昭和二十八年の「第一回日本のうたごえ祭典」からである。「カチューシャ」「黒い瞳」などのロシア民謡が人気を集めていた。

奏をしたり、運動会のファンファーレを吹いたりぐらいが発表の場であった。

忘れていたが、中学時代の仲良しグループの一人、キョッちゃんはクラリネットの担当だった。きっと彼はベニー・グッドマンに憧れていたのだろう。

ソノシート

ソノシートの付いた月刊誌が発売されたのは昭和三十四年の暮れのこと。「見て、読んで、聴く」というのがそのキャッチフレーズだった。

レコードと比べると、少しペナペナしていて頼りないが、当時のレコードはやたらに高かったのでよく購入していた。

たとえばいまでも大切にしている朝日ソノラマ別冊『秋吉敏子帰国記念特集・黄色い長い道』は、昭和三十六年三月三十日発売で、定価二百六十円。シートが四枚もついている絶品である。

もう一つはビクター・ミュージック・ブック『ザ・ベスト・オブ・ソニー・ロリンズ』で、これもシートが四枚で全六曲。メンバーが、ソニー・ロリンズ（ts）、マイルス・デイヴィス（tp）、ホレス・シルバー（P）、アート・ブレイキー（ds）と凄い。これで定価四百円である。

秋吉敏子さんは、一九二九年生まれのジャズ・ピアニスト。日本のジャズの草分け的存在である。

カバーデザインとレイアウトは金子國義。写真は大倉舜二と、こちらもいま考えれば豪華なスタッフだ。

みんな本屋さんで買うのが、ソノシートの特長であった。

ソノシートのいまでも素晴らしいと思うところは、けっして値段の安さだけではなく、その企画の楽しさである。

朝日ソノラマ別冊には『宮澤賢治童話集』というようなものさえある。中に「①セロ弾のゴーシェ　一龍斎貞鳳・江戸家猫八・三遊亭小金馬・桜京美」とある。これはNHKの「お笑い三人組」の選抜メンバーではないか！　これで四シート二百六十円。

「歌舞伎1　当代最高の名優による名せりふ集」四シート二百九十円。出演は、幸四郎、勘三郎、海老蔵、梅幸、松緑、歌右衛門、猿之助と、これまた凄い。

こんなに意欲的な企画を、いまのCDやDVDで果たして出来るだろうか。

やっぱり昭和三十年代は、こんなところでも光り輝いていたのだ。

昭和三十年代、ラジオからは浪曲が流れていた

〝下町フィーリング〟とでもいえばよいのか、銭湯の浴槽の中で、頭に手ぬぐいをのせた大人たちがいい気持ちで唸《うな》っていたのが〝浪曲〟である。ナニワ節ともいう。

〽旅ゆけば
　駿河の国に茶の香り

と、始まるのが二代目広沢虎造の『清水次郎長伝』。このまくらのところだけならいまでもぼくは唸れる。

「石松代参」の三十石船中での「寿司食いねエ、江戸っ子だってね

二代目広沢虎造の「馬鹿は死ななきゃなおらない」は、浪曲を聞いたことのない人でも知っている名文句である。

エ」「神田の生まれよ」のやりとりは、もう誰だって知っていた。

〽利根の川風たもとに入れて
　月に棹さす高瀬舟

なら、玉川勝太郎の『天保水滸伝』である。

昭和三十年前後は、とにかく浪曲に人気があったから、ラジオからしょっちゅう浪曲が流れていた（ＮＨＫラジオの全国調査で、「浪花節」という番組の聴取率が五〇パーセントを越えていたそうである）。

銭湯で唸っていた漁師のおじさんは、夏祭りののど自慢大会の常連で、浪曲を唸ってはいつも一等賞になっていた。それも虎造節、勝太郎節、寿々木米若《すずきよねわか》の「佐渡情話」、木村友衛の「塩原多助」というように次々と演じてみせる。

ラジオ東京には「浪曲天狗道場」という、素人が参加する人気の浪曲番組があった。

素人が初段から挑戦して合格するとだんだん段が上がっていき、それだけ賞金がどんどん高くなっていくのだ。合格するとドンドン

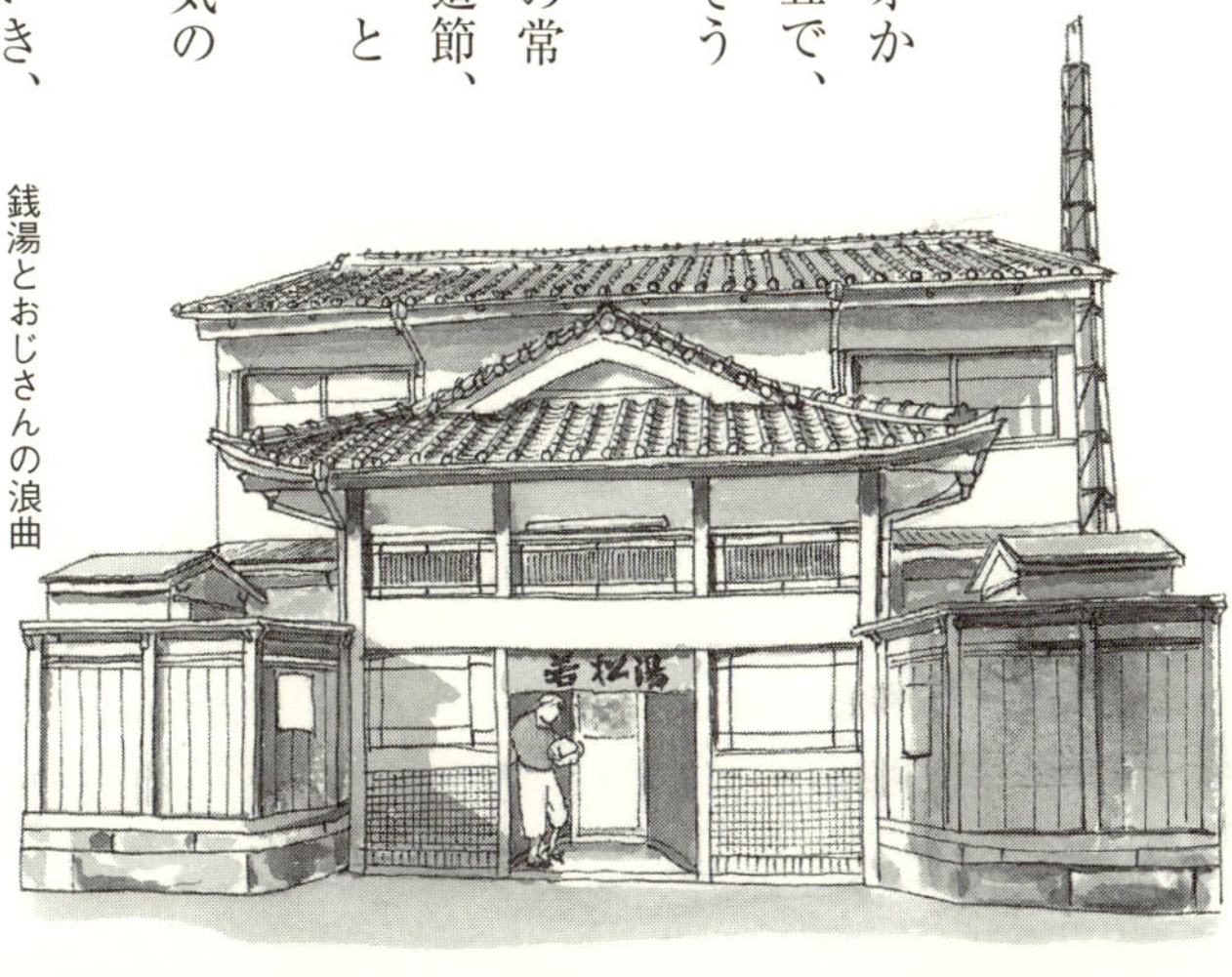

銭湯とおじさんの浪曲はとってもよく似合っていた。

ドンと太鼓が鳴る。賞金も一万円、二万円という、当時としては大金なので、自分が出演しているわけでもないのに、ずいぶん興奮してラジオを聴いていた。

昭和三十七年まで続いていたそうだ。つまり浪曲人気が下り坂になってきたのも、その頃からだったということなのだろうか。

浪曲の物真似をして人気のあった前田勝之助さんのまたその物真似をして、ぼくも何人かの浪曲師の真似ができる。こんなことはいまさら自慢の一つにもならないが、いつだったか宴会の余興でやって聴かせたら、全員に呆れられた。

こどもの時に覚えたことというのは、いつまでも記憶の中に残っているものだという証明にはなりそうだが、もっと他の大事なことを覚えていればよかったのか、いまさら後悔しても手遅れであるが。

浪曲好きは義理人情に厚く、情けに弱い、ともよくいわれた。案外ぼくはこの浪曲に深く影響されているのかもしれない。義理、人情、正義感、やさしさ……等々。

しかしジャズやマンボやウエスタンが大流行の時代に、浪曲がそれと互角に人気を張っていたというところが泣かせる。「伊豆の佐太郎」「弥太郎笠」「花の三度笠」「白鷺三味線」などの股旅ものがヒットしたのもこの頃である。ああ、こちらからの影響もまだ続いている。だからトーゼン、氷川きよしのファンである。

昔よく見かけたバナナのたたき売りのおじさんのリズミカルな口上も、しゃがれ声で浪曲師に似ていた。

「イカす」若者たちはウクレレでハワイアン音楽を弾いた

いま葉山の海岸の海の家に流れる音楽は、とくに一色《いっしき》海岸の浜辺はレゲエ一色《いっしょく》（ダジャレになってしまった）である。六〇年代はたぶんサーフィン音楽だったはず。あのビーチ・ボーイズが代表である。

で、それ以前つまり五〇年代というと、圧倒的に浜辺はハワイアン音楽が席捲していた。

海辺にかぎらずプールサイド、屋上ビヤガーデン、夏のＢＧＭはところかまわずハワイアンと決められていた。

岡晴夫の「憧れのハワイ航路」は昭和二十三年発売だった。

かの太陽族映画に憧れた若者たちのスタイルは、サングラスにアロハ。裕次郎を真似て襟の後ろをちょっと立てたポロシャツも流行していた。サングラスもわざと頭の上にずらせて掛ける。そしてグラサンと呼ぶ。

「イカす」というのは一九五八年の流行語で、これも裕次郎発である。

そして浜辺に必須の楽器がウクレレであった。ビーチパラソルの下で、われもわれもとウクレレでハワイアン音楽を弾いた。

「トリスを飲んでハワイへ行こう」という寿屋《ことぶきや》（現サントリー）の広告コピー（山口瞳・作）が一世を風靡《ふうび》したのもこうした時代である。トリス・バーがブームになり、みんなそろってハイボールを飲んだ。

ウクレレの第一期黄金時代は、ハワイアンが流行した昭和三十年（一九五五）から三十五年ぐらいにかけてのこと。つまり太陽族の時代とそのままダブってくる。

いま五十代から六十代前半のぼくの友人たちも、ギターは苦手なのになぜかウクレレだと懐かしそうに手にとり、人指し指で軽く弾きながら、みなとりあえず一曲歌いだす。まるでウクレレ漫談の牧伸二さんそっくりである。

ちなみにウクレレ（Ukulele）とはハワイ語でJumping flea（とび跳ねるノミ）という意味だそうである。

ぼくはもう弾くことのなくなったギターを押し入れに入れたままにしているが、きっと思い出のウクレレをしまったままにしているオジさんも多いはずだ。

ところがいまハワイアンブームなんだそうで、九〇年代からウクレレは突然売れ出したという。まさにリバイバルである。

あのポロロンポロロンという素朴な音色が、エレクトロニクス一本やりの最近の楽器にはない安らぎを与えてくれるからだろうか。

ぼくらの少年時代のハワイアンのイメージはもうちょっと格好の

牧伸二といえば「あーあ、やんなっちゃった、あーあ、驚いた」を思い出す。

いいものだったはず。

灰田勝彦、バッキー白片《しらかた》とアロハ・ハワイアンズ、ポス宮崎とコニー・アイランダース、大橋節夫とハニー・アイランダースが人気バンド。エセル中田、南かおり、和田弘とマヒナスターズも、もともとはハワイアンのグループだった。

「アロハ・オエ」とか「カイマナ・ヒラ」ぐらいの、こどもでも歌えるハワイアンの曲も多かった。

石原裕次郎の「狂った果実」（石原慎太郎・作詞、佐藤勝・作編曲）もハワイアン調である。

江利チエミの「テネシー・ワルツ」がヒットしたのは昭和二十七年（一九五二）になるが、あれはどっちかといえばウエスタン風の歌だった。「ジャンバラヤ」もそうである。

あの時代は洋楽イコール「ジャズ」と呼んでいて、日劇のジャズ・コンサートを見に行くと、ジャズに加えてハワイアン、そしてウエスタンの演奏まであった。

小坂一也、寺本圭一などがヴォーカルを務めたワゴン・マ

小坂一也は当時絶大な人気があり、後には俳優として活躍した。

スターズというバンドが人気があった。のちのホリ・プロダクションの社長、堀威夫さんのスイング・ウエスト、ジミー時田とマウンテン・プレイ・ボーイズ、ウィリー沖山とブルーレンジャー、オールスターズ・ワゴンというグループも懐かしい。

これらのウエスタンバンドに所属していた小坂一也、寺本圭一、守屋浩、平尾昌章、山下敬二郎、佐々木功、坂本九、飯田久彦、ミッキー・カーチスなどなどの歌手たちによって、あの伝説の「ウエスタン・カーニバル」が誕生している。

有楽町の日劇で第一回の「ウエスタン・カーニバル」が行われたのは、昭和三十三年（一九五八）二月。一週間で四万人の観客を動員した、といわれている。

「ACB《アシベ》」や「テネシー」というようなライブのジャズ喫茶があちこちにできてきたのもこのころである。ジャズ喫茶とはいうものの、中味はほとんどポップスかロックンロールで、いわゆるのちのモダ

第三回日劇「ウエスタン・カーニバル」のパンフレット（昭和三十三年八月）。

ン・ジャズのレコードを聴く「ジャズ喫茶」とは、まったく違うものである。
　この時代、洋楽の全盛で、ラテン音楽のレコードばかりを聴く「ラテン喫茶」や「シャンソン喫茶」「タンゴ喫茶」などの専門店も日本中に誕生していた。そういえば「深夜喫茶」というのもあったが、あれはいまはもうないのかな。

有楽町の日劇もいまはない。第一回のウエスタン・カーニバルでは、夜明け前から二千人以上の女の子たちが日劇のまわりを取りかこんで並びはじめたという。

若大将シリーズ

高校時代の友人で加山雄三の「君といつまでも」をなんのてらいもなく口ずさめる男がいた。

〽あしたも　すばらしい
　しあわせが　くるだろう

は、まだしも、

「幸せだなア……
僕は君といる時が一番幸せなんだ」

という台詞もヌケヌケと語るのだが、不思議に彼が歌うと嫌味に聞こえてこない。なんだか知らないがよく似合うのである。

明るくいつも笑顔をたやさない人柄なので、いつもモテモテだった。部活は水泳部でバタフライの選手だった。

俳優、上原謙と小桜葉子との間に生まれた池端直亮こそ、加山雄三である。東宝のサラブレッドと呼ばれていた。

大学では物理を専攻、ヨット部に所属していたので、合宿先の葉山から逗子のわが家によく遊びにやってきていた。卒業後もずっと仲良しの友人だった。大学卒業後は、社長である父親の会社を引き継ぎ、二代目の社長におさまっている。

そうである。よく考えると加山雄三の「若大将」にそっくりなのである。勉強ができてスポーツ万能、水泳にヨット、社長の一人息子。石原裕次郎とはまったく異なる〝お坊ちゃん〟的なその魅力は、まさしく加山雄三の若大将シリーズそのままだったのだ。

そんなNとはどういうわけかウマがあい、大人になっても横浜でよく遊んだ。これではぼくは田中邦衛の青大将役ではないか。

若大将の第一作「大学の若大将」は、昭和三十六年（一九六一）。その後十年間で十七本もつくられる人気シリーズになった。

スポーツと恋、およそぼくの青春時代とはまるで縁の遠い世界だったが、Nの細君は、高校時代のバレー部でマドンナのように人気のあった同級生である。当時の中・高校生たちの憧れのライフスタイルだった若大将は、とにかくぼくには健康的すぎてまるで駄目だったが、Nが見事にこれを実現して見せてくれていたようだ。

極上のサスペンス、軽妙な語り口……「ヒッチコック劇場」に夢中だった

中原弓彦（小林信彦）さんが編集していた『ヒッチコック・マガジン』という中閉じのオシャレな雑誌があった。昭和三十四年（一九五九）創刊で、サスペンス、ミステリーはもちろん、喜劇論、ジャズ論、映画論、それにかなり辛辣《しんらつ》な社会時評まで、盛りだくさんのマニアックな雑誌だったが、いつのまにか書店から姿を消してしまっていた。それでも十年くらいは発行されていたはずである。

「ヒッチコック劇場」は昭和三十二年（一九五七）六月からの放送（ＮＴＶ）。毎週木曜日の夜八時から三十分のサスペンスドラマ。

「ヒッチコック劇場」（昭和三十二年）のスリルとサスペンスはいつも〝面白い〟。そしてスリリングなのに〝楽しい〟。最初の提供はニッカウイスキーだった。

グノーの「マリオネットの葬送行進曲」が流れると、あのまん丸顔で太ったアルフレッド・ヒッチコックが横向きのシルエットで登場し、それが動きながら似顔絵のヒッチコックにかさなる。この似顔絵はヒッチコックが自分で描いたものらしいが、こんな演出がまたオシャレで、ユーモアたっぷりで、前口上（吹替えは熊倉一雄）の語り口も軽妙で、実にヒッチコックはこういう声の人物なんだと納得させるに充分であった。

六〇年代前半のぼくは新書判の大きさのハヤカワ・ミステリを通学の電車の往復の中で毎日一冊読む、というのが定番だった時代で、ダシール・ハメットの探偵サム・スペード、レイモンド・チャンドラーの探偵フィリップ・マーロウ、ロス・マクドナルドの探偵リュー・アーチャー、ミッキー・スピレーンの探偵マイク・ハマー、などなどにしびれていた。

イアン・フレミングの007も同じころである。同じサイズでSFのハヤカワ・ファンタジーのシリーズ

ハヤカワ・ポケット・ミステリー・ブック。表紙は抽象画で統一されていた。

もあった。

エラリイ・クイーン編集の『エラリイ・クイーンズ・ミステリ・マガジン』（略称「ＥＱＭＭ」）も欠かさず毎月読んでいた。昭和三十一年刊。一冊百八十円。「スマートな編集の高級探偵雑誌です」のキャッチフレーズがついていた。〝探偵小説〟の〝専門誌〟というのが時代を感じさせる。

「ヒッチコック劇場」も、ヒッチコックがこれまでのサスペンス短篇小説の傑作の中から毎回ピックアップしてテレビドラマ化していたのだから、面白くないわけがない。

当時ヒッチコックは〝サスペンスの神様〟と呼ばれて、映画も大ヒットしていた。

後にテレビで何度も再放送されるようになって、初期作品「バルカン超特急」なども見ることができたが、初めて映画館で見たのは「ダイヤルＭを廻せ！」だったろうか、それとも「裏窓」か。「北北

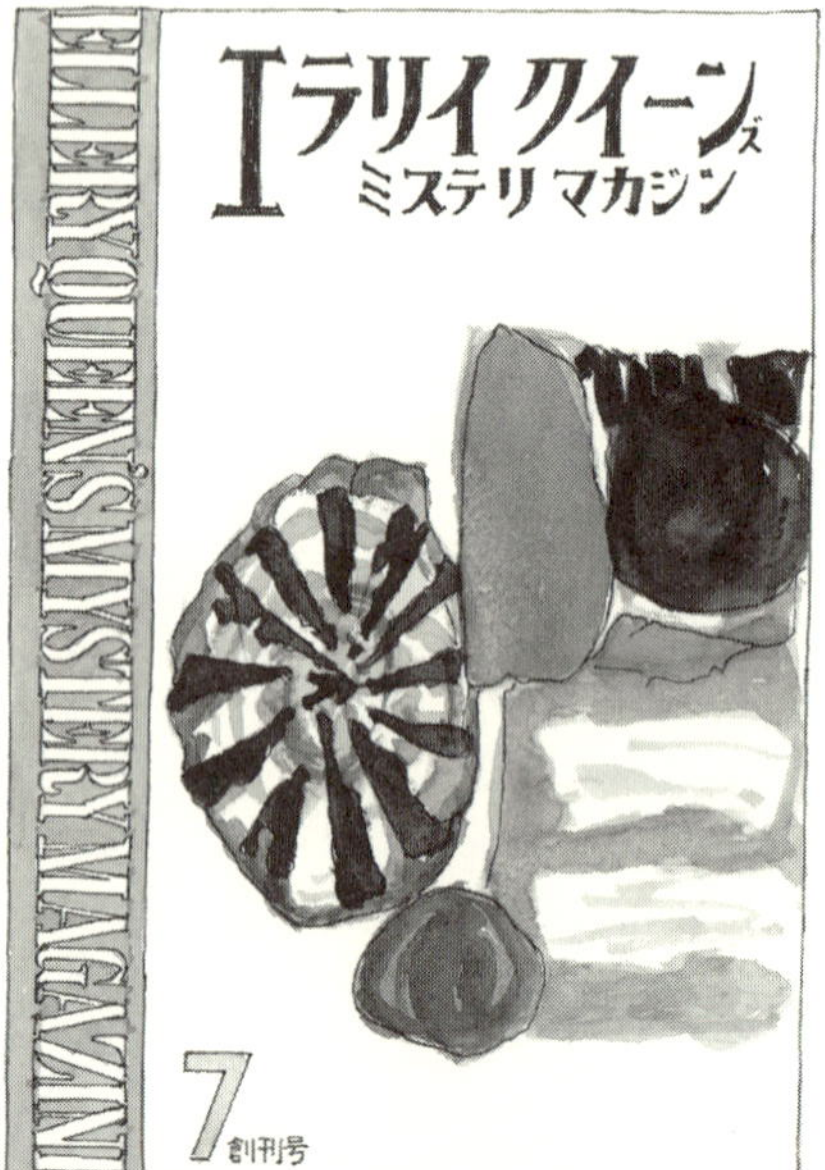

ELLERY QUEEN'S MYSTERY MAGAZINE。略して「ＥＱＭＭ」と呼んでいた。

西に進路をとれ」はガールフレンドと見に行ったのでよく覚えている。

さっきからテレビの「ヒッチコック劇場」の放送時間の記憶がどうも気になって気になってしようがないので、少し調べてみたら、『ヒッチコックを読む』（フィルムアート社）にその経緯が詳細に記されてあった。

一九五七年六月二十五日スタート、毎週木曜日の午後八時放送まではは正しかったのだが、以後次のようにある。

「だがやっぱり、こういう番組はクロウト好みになってしまうのか。5か月後に土曜日の午後9時15分に移ったまではよかったが、その1年後には火曜日の午後11時、さらに水曜日の午後10時30分へと移され、58年に消えてしまった。そして60年に再開されたがこれも長つづきせず、62年には関西テレビから1時間枠のものがオン・エアされたりしたが、後半は視聴率競争に苦しんだようだ。そして80年3月から、わずか2か月間のみフジテレビ系によみがえった」

アルフレッド・ヒッチコック。「サスペンスの神様」と呼ばれた。一九八〇年四月二十九日に亡くなった。

そうだったのか！　これでやっと納得した。

とりあげた物語の作家たちの顔ぶれも、ここに紹介してある。アンブローズ・ビアス、ウールリッチ、ブラッドベリ、スタンリー・エレン、アイラ・レヴィン、ロアルド・ダール、ドロシー・セイヤーズ、ロバート・ブロック等々。面白かったはずである。

最近、ヒッチコック・ファンだった植草甚一さんの人気が復活しているそうだが、その植草さんのスクラップ・ブック・シリーズ②『ヒッチコック万歳！』（晶文社、一九七六）を開いていたら、このころ植草さんの家にはまだテレビがなかったのだそうである‼　長いけれど面白いのでぜひ読んで欲しい。


ぼくなどテレビがまだ買えない者は、第一回があった六月二十五日にさきだつ幾週間は、ふさぎの虫にとりつかれたが、いまのところ綺麗にあきらめて、木曜日の夜になると、どこかの町をぶらつきながら、テレビのある店へはいっていく。

こうして前後七回、コーヒー、アイスクリーム、ときにはカツレッ、日本酒、ビール、枝豆つきで「ヒッチコック劇場」を見たが、現在テレビは喫茶店より飲食店に普及していて、よく説明しないと『今夜はナイターはありませんよ』と言われる。第一回目はビールを飲んでいる客がうるさくてムズムズしたが、喧嘩すると友だちに悪いし、すぐそばが階段で、それが一階へ向かってほとんど直角だったので我慢した。

喫茶店や飲食店を利用することになるのは仕方がないが、そんなことで気が散ってくる。第二回目も運が悪く、おんなじような客がいた。このときはぼく一人だったので、酔っぱらいのテーブルを拳固で力まかせに叩いたが、相手は別に感じもせず、思い出したようにトイレットへ立ちあがった。あとで聞くと、某大学運動部のマネージャーか何かで、唐手を自慢にする男だった。

こんなことから場所を選んで歩き回るようになったが、いつも『この番組はなかなか面白いですね』とあとで半分お世辞まじりに言われると、なんのことはない、ぼくが「ヒッチコック劇場」を宣伝して歩いているような錯覚を起こしはじめる。面白いけれ

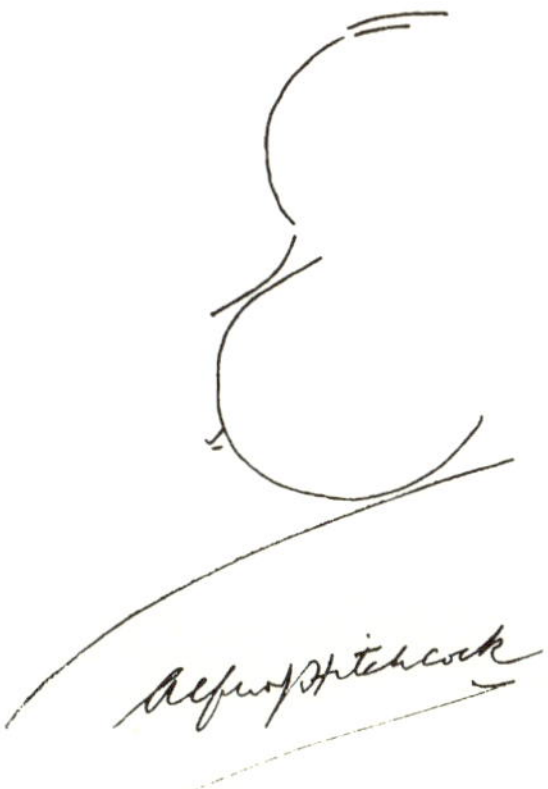

ヒッチコック本人が描いた似顔絵とサイン。

ど、外でみるのが、だんだんいやになってきた。

　というのは、これが「ヒッチコック劇場」にたいする結論であって、このテレビ番組は、自分の家で間近かにジックリと楽しむようになっているのがわかったからである。

　植草さんにも何度かお目にかかったことがあるが、きわめてユニークで面白い方だった。

　それから『ＳＦマガジン』の創刊は昭和三十五年である。レイ・ブラッドベリ、フレデリック・ブラウン、ジャック・フィニー、ロバート・シェクリー、ロバート・ブロック、アーサー・クラーク、アイザック・アシモフ……、こちらもみんな凄い顔ぶれだった。

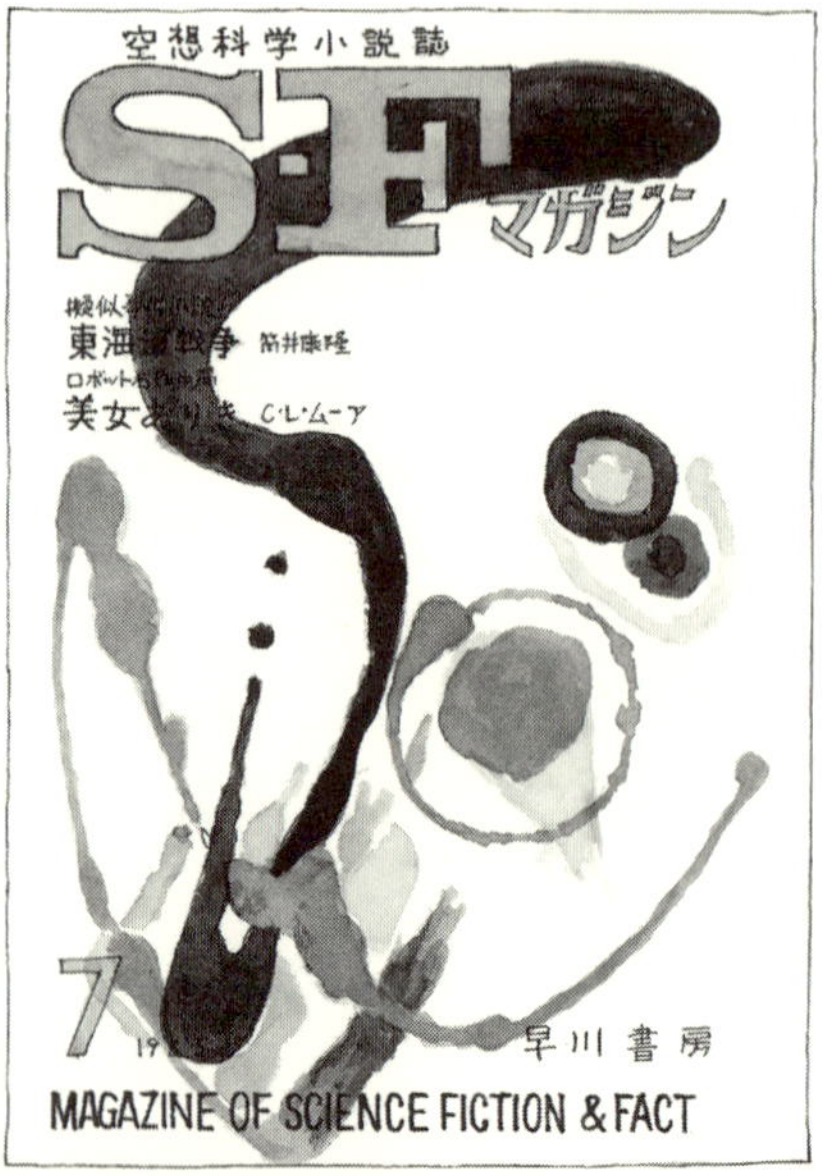

この号は昭和四十年七月号。筒井康隆さんの「東海道戦争」が掲載されている。

数えあげたらキリがないが、こんなテレビドラマもよく見ていた。

「名犬ラッシー」。昭和32年11月～39年３月。日曜夜６時15分から６時45分までの放送。少年ジェフは初代と２代目がいた。「新名犬ラッシー」は、森林警備隊員の話になっている。

「七人の刑事」（TBS）。昭和36年10月から合わせて382回続いた“刑事もの”の古典。ハミングの流れるテーマソングが懐かしい。

深夜放送の女性アナはささやくように話しかけてきた

ぼくのこども時代の夜は、文字通りどこもかしこも真暗闇だった。せいぜい電柱につけられた裸電球が、ポツリポツリと灯され、夜はお化けが出るぞ、人さらいがやって来るぞ、といわれていた。火の用心の夜まわりの拍子木だけが鳴る、静かな静かな夜であった。深夜に起きているこどもなど一人もいない、夜がシーンと静まりかえった夜らしい時代である。

民放のラジオが深夜放送を開始したのは、昭和二十九年（一九五四）の夏。それまでは午後十一時、〝それではおやすみなさい〟と

ソニーのトランジスタラジオの出現は画期的だった（昭和三十年）。のちにウォークマンが登場するに至って、とうとう音楽が携帯（ポータブル）できるようになったのには感動した。

終っていたのが、三時間延びて深夜二時まで放送をするようになった。

高校生や大学の受験生が、深夜放送を聴きながら勉強をする「ながら族」スタイルの始まりでもある。

ぼくも「素敵なあなた」というハスキー・ボイスの女性アナに夢中になった。ささやくように話しかけてくる彼女の声が、静かなムード・ミュージックと共に毎夜流れてくる。

このころから深夜のラジオはまるで一対一のコミュニケーションの時間でもあるかのような、語らいの場になった。アナウンサーは、リスナーを「あなた」とか「きみ」と気軽に呼ぶようになり、受験生たちの「深夜の恋人」として愛された。

二十四時間開いているコンビニはまだないし、テレビの放送もとっくに終っている時代の深夜は、深夜というものがまだちゃんとあった最後の時代だったといえるかもしれない。

一九六〇年代の終りごろから「パック・イン・ミュージック」（TBS）「セイヤング」（文化放送）「オールナイトニッポン」（ニ

ッポン放送）が登場してくる。とても深夜とはいえない、ディスクジョッキーのにぎやかで軽快な語り口、明るい音楽。「オールナイトニッポン」のオープニング曲「ビター・スイート・サンバ」が流れると、たった一人の自分の部屋がたちまち楽しげな夜の語らいの部屋に変わった。とても受験勉強どころではない。

河野隆次、油井正一、牧芳雄、久保田二郎、志摩夕起夫、小島正雄、いソノてルヲ、関光夫、糸居五郎、ぼくには懐かしいＤＪの名前だ。いまでもその肉声が一人ずつよみがえってくる。

ラジオといえば、文化放送の「Ｓ盤アワー」（帆足《ほあし》まり子）、日本放送の「Ｌ盤アワー」（園礼子）もよく聴いた。「Ｓ盤」というのは、ビクターの洋楽シリーズのことで、レコード番号がＳで始まるために、そう呼ばれていたらしい。こちらは昭和二十七年（一九五二）からすでに始まっていた。まず犬の鳴き声が流れ、ペレス・プラードの「エル・マンボ」から始まる。

昭和二十六年（一九五一）に民間放送が開始されて、おかげでジ

深夜放送の草分けＤＪ、糸居五郎さん。初の深夜放送は、日本文化放送（現文化放送）が昭和二十九年七月十一日にスタート。

ャズやラテン、ハワイアン、ウエスタン、シャンソンなど、あらゆる洋楽を聴くことができるようになっていった。

まだまだレコードは高く、なかなか手が出なかった時代である。昔の映画音楽（サウンド・トラック、略してサントラといった）なら、いまでもそのタイトルをすぐいえるのも、これまたラジオのおかげである。

「サマータイム・イン・ベニス」「エデンの東」「太陽がいっぱい」「シェーン」「鉄道員」「禁じられた遊び」「駅馬車」「ブルー・ハワイ」。「シェーン・カムバック！」の声もそうだが、「鉄道員」の少年の小さな声も印象的だった。まさにサントラ版ならではである。いまでもラジオから「鉄道員」の曲が、そして小さな少年のイタリア語が聞こえると、たちまち昔の少年時代にまい戻る。

思い出の人気ＤＪの中でもひときわ懐かしくなる人がいる。三國一朗さんだ。

もちろんテレビの司会者としても有名な方だったが、ぼくはラジオ東京の十一時三十分から始まる「イングリッシュ・アワー」とい

ＬＰ専用レコード・プレイヤー（昭和二十九年発売）をようやく手に入れた時はうれしかった。これをラジオにつないでスピーカーにしていた。

う深夜放送で最初に出会った。昭和三十四年のことである（放送開始は昭和二十七年四月）。

この番組にはリクエスト・タイムという時間があって、葉書きでリクエストをすると、どんなにマニアックなリクエストでも、そのジャズ・レコードをどこからか見つけ出して必ずかけてくれるのだ。だからこれにせっせと応募した。リクエストをした自分の名前も読まれるので、それもうれしくていまかいまかと耳を傾けていた。

この三國一朗さんの著書に『戦中用語集』（岩波新書）がある。あのラジオの三國さんと同一人物だとはとても思えなかったが、わかってみると三國さんの生真面目で丁寧な語り口と人柄を思い出し、やっぱりなあと納得をした。

そしてこの「イングリッシュ・アワー」が、三國さんの司会者としての最初のお仕事だったそうである。その三國さんも最近亡くなられてしまった。

三國一朗さん。「イングリッシュ・アワー」にはもう一人、志摩夕起夫さんという懐かしいＤＪの方がいた。

お腹がよじれるほど笑った懐かしのギャグ

コント赤信号やピンクの電話というタレントが所属している石井光三オフィスの石井社長とは、もう二十年以上も前からの温泉友だちである。

年に春と秋の二回、新宿の酒場の呑み友だちでつくった温泉好きのグループで団体旅行をする。

その石井さんの奥様を、あるパーティーで紹介された。なんと、あの高勢《たかせ》実乗《みのる》のお嬢さんなのだそうである。

エノケン・金語楼・ロッパの三人が勢揃いした、昭和30年９月の第２回東京喜劇まつり（日劇）。

えーっ。その時絶句するほど感動してしまった。

あの「アノネ、オッサン」である。

映画の中ではほんの一瞬か、せいぜい五分ぐらいしか出てこないのだが、「アーノネ、オッサン、ワシャ、カーナワンヨ」と一声発すると、もうそれだけでみんなお腹がよじれるほど笑った。

どんな映画の中でもちょっと出てきて、この台詞を一言いうとすぐに姿を消してしまうのだ。見るほうもこの台詞だけを期待し、この台詞のところにくると、こどもたちが映画の中の「アノネ、オッサン」に合わせて口をそろえて大合唱する。

ロッパ（古川緑波）やエノケン（榎本健一）、エンタツ（横山エンタツ）、アチャコ（花菱アチャコ）はもちろん大好きで見ていたが、突然の高勢実乗の名前に、なにかずっと忘れていた大切な思い出がよみがえったような気がしてうれしくなってしまった。

そう、あの「アノネ、オッサン」をけっして忘れてしまってはいけない。

寄席の高座でではないが、映画の中の柳家金語楼もよく笑わせて

「アノネ、オッサン」の高勢実乗。

「まだ、何もいってないんで…」というだけで大爆笑になった柳家金語楼。

もらった喜劇俳優である。NHKテレビの「ジェスチャー」や、女装で演じた「おトラさん」以前の話である。

父親の持っていた「陸軍歩兵二等卒ヤマシタケータロー」のSPレコードで、金語楼の本名が山下敬太郎であることも知っていた。ロカビリー歌手・山下敬二郎がその息子だったことには驚かされた。

意味不明の「アノネ、オッサン」と並ぶ、意味不明の流行語に「アジャパー」がある。

「バンジュン」こと伴淳三郎である。

顔の前で、すぼめた手をパーッと開きながら「アジャーパー」と叫ぶ。学校で教師に叱られ、「アジャパー」とやって、かえってまた怒鳴られた。

何かというとこどもたちは「アジャパー」を連発する。

「君がアジャーで、私がパーよ」というのもあった。

「アジャパー天国」や「名探偵アジャパー氏」というタイトルの、バンジュン主演映画も次々に製作された。昭和二十年代後半である（「かあちゃん、いっぱいやっか」のお酒のCMは、もっとずっと後

「かあちゃん、いっぱいやっか」の伴淳三郎。

の昭和三十七年から)。

同じころに流行ったギャグに「ギョギョギョのギョッ!」がある。これはNHKラジオの「陽気な喫茶店」というバラエティ番組である。「ギョギョギョ」の発案者は、漫才からきた内海突破《うつみとっぱ》。丸い眼鏡で早口の突破と、無声映画の弁士だった松井翠声《すいせい》のコンビで、この「ギョギョギョ」は、昭和二十九年十一月まで続いていたそうである。

大人もこどもも、この「ギョギョギョのギョ」を使いまくった。深い意味はまったくないが、〝エーッ〟とか、〝しまった!〟というときに使う。これも学校で使って、先生に拳骨をくったり、廊下に立たされたりしたこどもたちが多かったはずである。

ラジオのギャグが流行語になった第一号だといわれる。

脱線トリオ(由利徹・八波むと志・南利明)の流行語「チンチロリンのカックン」は、昭和三十二年だ。

ギャグではないが、昭和三十年からNHKの野球解説者として登場した、元松竹ロビンス監督の小西得郎さんのゆっくりとした独特

昭和二十四年四月から始まった「陽気な喫茶店」。左から内海突破、荒井恵子、松井翠声。

の語り口も「小西節」と呼んで人気があった。

「なんと申しましょうか～」

「打ちも打ったり、捕りも捕ったり」

股間にボールが当たると「あれはご婦人にはわからぬ痛さですねえ～」

「やるやるとは聞いていましたが」

などは流行語になった。もう野球漫談のようで楽しく、一時、声帯模写には必ず出てくる人気登場人物となっていた。

この「なんと申しましょうか～」という間のびのしたような、ほのぼのとしたノンビリとした語り口に、なんともいえぬ味わいがあったのだ。

意味不明といえば、トニー・イングリッシュのトニー谷を忘れてはいけない。

「レディース・アンド・ジェントルマン・アンド・おとっつあん・おっかさん・グッド・イブニング・おこんばんは。ジス・イズ・ミスター・トニー谷ざんす」である。

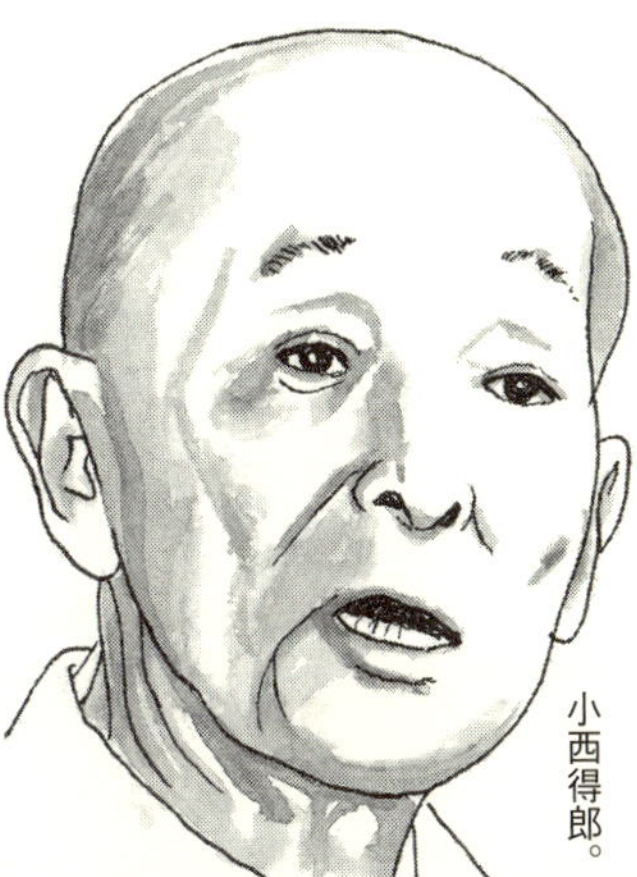

小西得郎。

トニー谷の愛用眼鏡はフォックス型といい、女性用の眼鏡だった（昭和28年）。モンロー型とも呼んだ。

楽器がわりに手にした算盤を右手でリズミカルにかき鳴らし、「さいざんす」「バッカじゃなかろか」「ネチョリンコン」「きいてちょうだいはべれけれ」など、次々と流行語を生み出した。「お下劣」というのもトニー谷の流行語の一つだったが、どういうわけかキザで品がないとか、アメリカかぶれで軽薄だといわれ、人気があるのにマスコミ、ＰＴＡに評判は良くなかった。

日本テレビの「アベック歌合戦」は、一九六二年十月から始まっているから、昭和三十年代の終りごろになる。「あなたのお名前なんてぇの」もよく流行っていたはずなのに、この番組もとうとうワースト番組にされ、結局番組は打ち切られてしまった。

ぼくは日劇や浅草の国際劇場などでのジャズコンサートの司会者としてのトニー谷の面白さを知っているので、「ジャスト・ちょっと待って・モーメント」なんてとても好きだったんだけれど。あのナンセンスなキザさは、ご家庭のテレビ向きではけっしてなかった、ということなのかなあ。残念である。

「アベック歌合戦」のトニー谷。

〽ばーか　かば　チンドンや
お前のカーチャン　でべそ

　幼いころ地面にチョーク（白墨《はくぼく》）やロー石で絵をいっぱいかきまくった思い出がある。

　みんなそれぞれに歌がついていて、「まるかいてちょん」とか、「雨がザアザアふってきて」とか「あられがポツポツふってきて」などといいながらかいていき、「あっというまにお姫さま」の絵になる。

「あっというまに」というところがミソで、「あっというまにタコ入道」になったり「コックさん」になって完成する。

たてたてよこよこ
まるかいてちょん。

そう、「絵かき歌」である。

「へのへのもへじ」が人の顔になっていくという、有名な歴史的絵かき遊びがあるが、昔の塀《へい》の落書きというと、みんなこの「へのへのもへじ」だった。「小便無用」の「⛩」（鳥居）マークが塀に必ずかかれてあったころの、こどものいたずら書きの典型である。

もう一つ、「つる三八《さんは》まるまるムし」というのもあった。

しかし、これは小さなこどもの絵かき歌であって、小学校も上級生になった悪童たちの絵かき歌は、誰に教わって覚えていくのか、

〽左カーブ　右カーブ
　まん中とおってストライク
　応援団が　チャッチャヤッチャ

というのがあった。

歌に合わせてかいていくと、とにかく「おまんこ」とみんながいうものの記号的絵になる。

「おまんこ」がどういうものなのかさえよくわかっていないくせに、あちこちにこのいたずら書きをしてまわり、大人に怒られた。

つる

さんは

まるまる

ムし

こういう歌が口こみでいつのまにか全国的にこどもたちに歌われていた、というのがこどもの世界の面白さである。野外あそびの伝承の仕方とまったく同じなのである。

絵かき歌ではないが、

〽みっちゃん　みちみち　うんこたれて
　紙がないから　手で拭いて
　もったいないから　なめちゃった

というのもある。

日本中の「みっちゃん」が、こうやってからかわれていたのである。

〽カッちゃん　カズノコ
　ニシンの子

という「カッちゃん」の、はやし歌もあった。

〽ばーか　かば
　チンドンや
　お前のカーチャン

チンドン屋さんの姿もいつのまにか見かけなくなってしまった。商店街の大売り出しには欠かせないものだったが。

でべそ
〽泣き虫　毛虫
はさんで　すてろ
〽いま泣いた　カラスが
もう　笑った
〽おんなの仲間に
男がひとり
〽まねっこ　まんちゃん
豆屋の小僧

いま思い出すとなぜこれが意地悪、悪態になっているのか意味不明なものもあるが、こんなことを毎日毎日、叫んで遊んでいたのだ。
こんなことを覚えていたってなんの自慢にもならないが、なにかの拍子に鼻歌のように口から出てきて、一体これなんなんだろうと、その出どころがわからず思案してしまうことがよくある。

〽パピプペ　パピプペ　パピプペポ
ウチィの女房にゃヒゲがあるゥ

「アッカンベー」という悪態も、もう死語になっているのだろうか。

これも悩んだすえ、コメディアンの杉狂児さんの歌だと、調べてからようやくわかった。

〽地球の上に朝がくる
　その裏側は夜だろう――

これは川田晴久さん。美空ひばりの映画にはいつも登場していた「あきれたぼういず」のリーダーである。

こうやってわかれば一応納得、安堵できるのだが、もうわけのわからない言葉が突然自分の口から出てくると、こりゃ一体なんなんじゃと、記憶をふりしぼってたどりついた結果が次のような歌。

〽ドレミッちゃん
　耳だーれ
　目はやん目
　頭のよこちょに
　ハゲがある
　ハエがとまれば
　チョトすべる

「杉狂」こと杉狂児さん。かつてジャズバンドでドラムを叩いていたというほどのジャズ好きだった。

ほんとに便利な
ハゲ頭
〽さあるの
けつア
まっかっか
ゴンボウやいて
おっつけろ
〽おまえいい子だ
チョトおいで
アメかったら
ふくろやろ
ダンゴかったら
クシをやろ

他にも「坊主！　坊主！　クソ坊主」とか「カァラス勘左衛門」、「脳天《のうてん》ホワイラーのクルクルパー」など部分的なフレーズは思い出すのに、あとはどうにも思い出せないものも数多い。

美空ひばりに「私のお師匠さんといえるのは、いちばんはじめにお父さん、そして川田先生、その後はない……」といわしめた、川田晴久さん。

わかったからどうだ、というものでもまったくないのだが、しかし、わかるとモーレツに懐かしくてとってもうれしくなるのもホント。

雨がザアザアふってきて
あられがポツポツふってきて
あっというまにタコ入道。

野球、バンドづくり……
少年時代をもう一度やり直してみよう

サッカー人気に押されて、最近は野球ファンがいまいち盛りあがらない。

昔の少年は一にも二にも野球だった。

暇さえあればキャッチボールをし、壁にむけて一人投球練習を繰り返した。

憧れのプロ野球選手の真似をしてバットスイングをし、にわかにアンダースローで投げるようになる。

いまは少なくなったが、昔はアンダーやサイドスローで投げるピ

「神様、仏様、稲尾様」と呼ばれた、西鉄ライオンズの鉄腕、稲尾和久投手。

暇さえあれば毎日毎日キャッチボールをしていた少年時代。どうしてあんなに楽しかったのだろうか。

ッチャーがなぜか多かった。そしてみな好投手ばかりだった。南海ホークスの杉浦忠、阪急ブレーブスの山田久志、大洋ホエールズの秋山登、みんな名投手揃いである。

ユニフォームを持っている子どもは少なく、グラブだってようやく手に入れた貴重品である。場外ホームランでボールを見失うと、試合中断で全員で草むらの球探しをした。

学校の一階の教室の窓側には、すべて金網がはられてあった。これはファウルのときにガラスが割れないようにという理由だけなんだから、いかにその頃、野球熱が高かったかの証拠である。

金網のおかげで教室は、かなり薄暗かったのだから、それほど野球優先の時代だったということだろう。

小、中学校でも校内野球大会がよく行われた。

各クラスごとに一チームつくるのだから、試合数も多いし、なんだか校庭ではしょっちゅう野球の試合が行われていたような気がす

野球少年がみんな憧れた、青バットのホームラン王・大下弘選手（東急フライヤーズ）。赤バットがジャイアンツの川上哲治。

る。

　ぼくのポジションは、どういうわけかずっと外野で、小学校のときからセンターということに決まっていた。大人になって草野球をはじめたときもセンターだった。

　少年時代に夢中になっていたものを、中年になってからもう一回たっぷり味わい直したくなることがある。

　その一つが野球で、三十代も後半の年齢になって、ある日酒場の常連の仲間たちと草野球チームをつくろうということになった。

　グラウンドを借り、早朝八時集合で、いきなり紅白試合を始めた。球を投げる、バットを振る、ゴロを拾う、フライをキャッチする、という一つ一つの仕草が、体をたちまち少年時代に戻していく。まる一日の野球三昧《ざんまい》で、全員大満足、帰りは近くのやき鳥屋に入り、ビールのジョッキで乾杯をした。

　ところが一同散会したあとで、駅の階段があまりの疲れでのぼれない。体中が痛くなり、足があがらないのである。それでも足を引きずり、どうにか家までたどりついたが、その後数日にわたって体の痛みがとれなかった。

気持ちは少年時代にすぐ戻れたのに、体が追いついていかなかったのである。

それでもこのチームは、すぐさまユニフォームを新着し、わざわざ大島まで出かけて合宿をし、年間二十試合ほどをこなしながら、四十代後半までつづいた。

そして、ぼくのもう一つの少年時代の夢はバンドをつくることだった。

中学、高校と、「エレキ」や「ロック」のブームの中、不良少年視され禁止令が出て、どうしても果たせなかったバンドづくりも同じ草野球チームのメンバーで編成することになった。

少年時代にはとても手に入れることができなかった高嶺《たかね》の花のトランペットも、なんとかクレジットで購入した。自分のお金で初めて自転車を買った時以来のうれしさだった。

そして昼間の酒場をスタジオ代りに借りて、みんなでレッスンをはじめた。その実力の差は、野球同様に明らかにバラバラだったが、それでもどうにか次第にまとまりをみせてきてバンドらしくなった。新宿の有名なジャズのライブハウス「ピットイン」でオールナイトのファースト・コンサートを開いた。

そしてダンスフロアをつくって、集まった百人ほどの友人たちと懐かしいダンスも踊ることが出来た。ジルバ、マンボ、ツイスト。懐かしいステップもたっぷり楽しむことが出来た。

中年になってからもう一度少年時代の輝きを取り戻そうとすることが、こんなに楽しいものかとつくづく思わされた。思い出に浸っているばかりでなく、あらためて少年時代を見直して、やり残しているものがもしやあったら、即実行にうつしてもらいたいと思う。

懐古しているだけではけっして味わえない楽しさがそこで必ず発見できるからである。技術の上手い下手の問題などではけっしてないのだ。少年は確かに〝老い易い〟が、〝学〟のほうはやる気さえ残っていれば、いくつになっても大丈夫である。

ぜひ、おすすめしたい。もう学校の反発も、教育委員会の禁止令もない。

いま、高校生らのバンドは一校に必ず一つや二つはあるという。うらやましいけど、いまさら昔の学校に文句をつけたって始まらない。いつか現役の高校生と一緒にセッションをしてみたいものだと思ったりもする。

日本中の若者が腰をひねって踊ったツイストは昭和三十六年ごろから流行した。

ガリ版の「卒業記念誌」からは友だちの声が聞こえてくる

中学一年生の夏に、小学校時代の旧六年三組の同級生がそろって逗子海岸に泳ぎに行った。初の同窓会である。

この時、岩場に集まって撮った記念写真がある。T先生を真ん中に、男十一名、女十二名、それにこの写真を撮ったテッちゃんがいるはずなので、計二十四名参加したことになる。アルバムに昭和三十一年（一九五六）八月二十八日と記されている。

この同窓会はいまでもそのまま続いていて、もし今年も開

けば四十九年目である。

いま「中高年の同窓会ブーム」(「毎日新聞」二〇〇四年七月十四日)なんだそうである。

いまさら「ブーム」なんていわれても困るが、酒場の話題でも同窓会の話をよく聞くようになった。帝国ホテルが一九九三年に「夏はホテルで同窓会」というキャッチフレーズで同窓会プランを打ち出したところ、これが大ヒットしたらしい。

そして利用者の中で圧倒的に多いのが四十代後半から六十代なのだそうだ。これを「年齢のせい」とだけ受けとめてしまってはいけないのではないか。

二十代の同窓会、三十代の同窓会、四十代の同窓会でどこか違ったところはあっただろうか。たしかに髪の毛は少しずつ薄くなっていくし、顔のシワも年代とともに深くなってきた。話題もこどもの成長を語っていた時代から、孫の話に変わっている。

しかし、懐かしい昔話は何回繰り返し語っても変わることなくいつだって懐かしく、それはいわゆる懐古趣味というよりも、繰り返された同窓会を通じてさらに築きあげてきた、心の共同体のような独特の友情がはぐくまれているのだと思う。

　だからみんな心から安心しているのである。心底癒やされるのである。こどもの時には何度も喧嘩もしたし、いじめたりいじめられたりもしたが、時ここに至ってお互いがどこにもない「似た者同士」であることをあらためて確認するようになる。かつての幼な友だちにいつのまにか戻っているのである。


　ごく最近のことだが、いまは神戸に住んでいる中学時代の友人T君から、久しぶりに上京するのでぜひ逢いたいという電話があった。そこで彼がひそかに好きだったはずの女性ヒロさんと、いざという時はいつも一緒だった幼な友だちのズタと四人で、銀座のレストランで食事をするセッティングをして待ち合わせた。

　お互いに六十歳を過ぎているのに、五分もするともう中学生のまんまである。終始、昔話に花が咲く。

　当時思ってもみなかったような、初めて聞くようなつもる話がまだまだこんなにたくさんあるのだということにも驚いた。

なかなか別れ難くて、とうとうぼくはその日終電車になってしまった。

家に帰ってきて思わず、ひき出しにずっともぐったままだったガリ版の「卒業記念誌」をとり出し広げた。隅から隅まで懐かしい文ばかりだが、その中の二篇の詩にとくに懐かしさがこみあげてきて、涙しそうになった。

学校

三の五　伊藤昭子

十年も昔に建った古い学校
ちょっとでもあばれたら
こわれてしまいそうな古い学校
雨が降れば雨もりがする古い学校
でも私達にとってはなつかしい
思い出の沢山ある古い学校

中学のガリ版の「卒業記念誌」。「文集」は小学校六年三組のもの。「はまかわ」は中学の校内誌。

国道を前にしてにぎやかな
音を聞きながら
勉強をする古い学校

とうちゃん

三の四　吉田　弘

僕のとうちゃんは働き者だ
田舎そだちのとうちゃん
東京に出てきて三十数年もたつのに
まだ田舎弁がぬけない
とうちゃんは酒もタバコものまない
とうちゃんはあまい物がすきだ
どこかへ行くと　とうちゃんのお土産は
ようかんかまんじゅうである
とうちゃんの手には
今までの苦労がにじみ出ている

昔は海辺の定番だったスイカ割り。いま
こんな姿を見ることはできない。

僕はとうちゃんの手を見るたびに
「すまない」と思わずには
いられない

このピーちゃんという仇名だった吉田弘君が亡くなったことを、
この日の銀座でT君から初めて聞いたばかりだった。合掌。

参考文献

『昭和を走った列車物語』浅野明彦（ＪＴＢ）
『鉄道物語』佐藤美知男（河出書房新社）
『昭和の子どもたち』（学研）
『写真でみる日本生活図引』須藤功編（弘文堂）
『昭和二万日の全記録』（講談社）
『一億人の昭和史・三代の女たち』（毎日新聞社）
『生活と風俗』（ぎょうせい）
『東映大入り時代劇一〇〇選』（学研）
『ヒットパレード黄金時代』かまち潤監修（シンコー・ミュージック）
『路上の記憶』（無明舎出版）
『おいしい手作りケーキ』（成美堂出版）
『青春ドラマ夢伝説』岡田晋吉（日本テレビ放送網）
『貧乏だけど幸せ』（平凡社）
『昭和レトロ商品博物館』串間努（河出書房新社）
『柳家金語楼』（日本図書センター）
『西部劇入門』岡俊雄編（荒地出版社）
『ターザン』児玉数夫（平凡社）
『別冊ヤングフォーク・ジャンボ・１９６０—１９７６』（講談社）
『ゴジラ大全集』（講談社）
『小松崎茂の世界』根本圭助（学研）
『アサヒグラフ増刊　テレビ放送25年』（朝日新聞社）
『昭和流行歌史』（毎日新聞社）
『にほんのうた—戦後歌謡曲史』北中正和（新潮文庫）
『ヒッチコック万歳！』植草甚一（晶文社）
『ヒッチコックを読む』（フィルムアート社）
『東京—都市の変貌の物語』石井實（ＫＫベストセラーズ）
『アメリカ人の見た日本五十年前』（毎日新聞社）
『都電の消えた街』諸河久・写真／林順信・文（大正出版）
『空港のとなり町　羽田』横山宗一郎・写真／宮田登・文（岩波書店）
『昭和家庭史年表』家庭総合研究会編（河出書房新社）
『現代風俗史年表』世相風俗観察会編（河出書房新社）
『戦後値段史年表』週刊朝日編（朝日文庫）
『値段が語る、僕たちの昭和史』高橋孝輝（主婦の友社）
『別冊太陽／子どもの昭和史　昭和二十年—三十五年』（平凡社）
『別冊太陽／子どもの昭和史　昭和三十五年—四十八年』（平凡社）
『もうすぐ一年生』’70年11/1（学研）
『ひょうひょう』’99年4/1（長寿社会開発センター）
『サライ』’93年6/3、8/5、’94年7/7、’95年2/2、2/16、4/20、’96年2/1、’97年8/21、２０００年12/21（小学館）

文／奥成 達（おくなり・たつ）

昭和17年、東京都品川生まれ。詩人、エッセイスト。青山学院大学文学部講師。イラストレーターのながたはるみ氏とコンビを組んだ図鑑は、『遊び図鑑』（福音館書店）、『駄菓子屋図鑑』（ちくま文庫）、『なつかしの小学校図鑑』（いそっぷ社）、『昭和こども図鑑』『昭和こども食べもの図鑑』（ポプラ社）の5冊がある。他の著書に『深夜酒場でフリーセッション』（晶文社）、『50歳からの修学旅行』（ワニマガジン社）など。

絵／ながたはるみ

長崎県出身。イラストレーター。上記5冊の共著書のほかに、『母さんの小さかったとき』『植物あそび』（福音館書店）、『自然遊び12か月』（小学館）、『野外の遊びゲーム百科』（主婦と生活社）など。点描の風景画集『葉山情景』（そしえて）がある。

なつかしの昭和30年代図鑑

二〇〇五年十一月三十日　第一刷発行

文　奥成　達
絵　ながたはるみ
発行者　首藤知哉
発行所　株式会社いそっぷ社
〒一四六―〇〇八五
東京都大田区久が原五―五―九
電話　〇三（三七五四）八一一九
印刷・製本　株式会社シナノ

ISBN4-900963-32-1　C0095
定価はカバーに表示してあります。

朝礼中に倒れる子が必ずいた校長先生の訓話、てんやわんやの大騒ぎだった掃除当番、前日のおやつ買いが一番楽しかった秋の遠足……あの頃は、毎日がお祭りのようだった!!　小学校時代の思い出を絵と文で再現します。

●本体1600円